NACIMOS PARA ESTO

Intimidades de una vida libre y bon vivant

SEBASTIÁN DARCYL

HOJAS DEL SUR
Buenos Aires
www.hojasdelsur.com

Nacimos para esto
Intimidades de una vida libre y bon vivant
Sebastián Darcyl

1.ª edición

Editorial Hojas del Sur S.A.
Albarellos 3016
Buenos Aires, C1419FSU, Argentina
e-mail: info@hojasdelsur.com
www.hojasdelsur.com

ISBN 978-631-6631-11-4

Dirección editorial: Andrés Mego
Edición: Debret Viana
Diseño de portada e interior: Arte Hojas del Sur

Darcyl, Sebastián
Nacimos para esto : intimidades de una vida libre y bon vivant / Sebastián Darcyl. - 1a ed - Ciudad Autónoma de Buenos Aires : Hojas del Sur, 2024.
192 p. ; 23 x 15 cm.
ISBN 978-631-6631-11-4
1. Desarrollo Personal. I. Título.
CDD 158.1

LIBRO DE EDICIÓN ARGENTINA

A las personas que me convirtieron
en quien soy hoy.

Índice

Prólogo

Una vida extraordinaria vivida por un hombre ordinario

Por *Benjamín Vicuña**

Conozco a Sebastián desde hace mucho tiempo. Nos cruzamos por esas casualidades de la vida, a partir del trabajo, por algunas producciones y por diferentes situaciones que nos fueron encontrando. Y a partir de esos momentos, se fue generando una empatía que creo que radica, sobre todo, en tener historias parecidas: en la infancia, en ciertas experiencias, en algunas carencias, en viajes. Todos esos puntos de unión derivaron en un vínculo y una amistad.

A través de este tiempo, descubrí que la vida de Sebastián es una ventana a un sueño. Al propósito de querer llegar lo más lejos posible con sus propios méritos y alas. Con sus errores y falencias, con sus caídas y levantadas, el suyo es un proyecto que merece ser contado. Porque se trata de una vida extraordinaria, pero vivida por un hombre ordinario.

Esta última frase es un poco robada a algunas de las películas que he hecho, en la que los protagonistas son sujetos comunes y corrientes viviendo situaciones extraordinarias.

---

* El autor es actor de cine, teatro y TV, empresario, fundador del Centro Cultural Mori y autor de *Blanca, la niña que quería volar: 10 actos para conjurar el olvido.*

Pero mucho más allá del cine, creo que todos deberíamos sentirnos así. Porque la gente no nace superhéroe ni nace especial, todos nos enfrentamos a diario a distintas circunstancias y vemos cómo reaccionamos. Algunos lo hacen mejor, otros peor. Para algunos aflora la nobleza; para otros, la miseria. La diferencia está en lo que hacemos con lo que nos sucede.

En este libro, Sebastián combina el relato de su origen y la importancia de la figura de sus padres, con su tradición, herencia y enseñanzas, para luego contar sobre su trayecto y su necesidad de desmarcarse y hacerse solo. Y en el proceso, conocer algunas caídas e ir construyendo su identidad. La territorialidad es otro punto que lo destaca y que nos une. Como persona global, que vivió en distintos países, enriquece su historia con una visión amplia, que le da perspectiva.

Las biografías siempre son un género atrapante. Y bien contadas, hasta pueden ser el paso previo a grandes documentales... Celebro la llegada de este libro, porque siempre es un gran momento para vivir la experiencia de escribir y que nazca un nuevo autor. Siempre es motivo de alegría que una buena vida se comparta. Y en estos tiempos de contexto social y económico complejo, más que nunca es necesario tener referentes que emprendan y sean capaces de volar lejos. Siempre hace falta la inspiración de aquellos hombres ordinarios capaces de hacer lo extraordinario.

Introducción

Una ventana al mundo

Tengo la impresión de que la vida se divide en dos etapas. De 0 a 50 años, y de 50 a 100 (si es que Dios da la posibilidad de llegar hasta entonces). Y con 56, estoy comenzando la segunda etapa. Entiendo este momento como una bisagra, y por eso quise sentarme a escribir un libro.

Sin ser una autobiografía, porque aún hay mucho por recorrer, quise hacer un libro que recopile algunos episodios de lo que considero una vida interesante. No están en orden cronológico, sino que se van combinando para establecer un ritmo ameno de lectura. También porque la memoria siempre es variable y tiene sus propios caprichos: así es como yo recuerdo estos años hasta hoy. ¿Qué une a estos episodios? La idea de que cada uno fue una suerte de lección de vida.

Considero que soy un explorador. Desde muy chico tuve interés en conocer el mundo y vivir aventuras, jamás tuve timidez, miedo ni culpa para lanzarme a lo desconocido. El resultado es un cúmulo de vivencias que atesoro y con las que suelo entretener a mi familia y amigos. Pero siento que es tiempo de compartirlas mucho más allá de mi círculo personal.

Vivo una vida sin rutinas, sin orden preestablecido, sin demasiada estructura. Soy el que a los 13 años se fue solo a Suiza, el que a los 17 abandonó Argentina, el que a los 19 cruzó Estados Unidos manejando, el que revitalizó e hizo crecer la empresa de su padre para tener una de las mayores distribuidoras de películas de Latinoamérica, el que cuando el matrimonio ya no le funcionó encontró su propia forma de vínculo sin perder su libertad ni romper la familia, el que cumplió el sueño de tantos de tener su propia agencia de modelos. Suelen decirme que no soy un hombre que entre en muchos moldes. Quizás por eso, mi recorrido puede ser de interés para muchos otros.

Mi frase de cabecera es la que le da nombre al libro. Desde hace mucho, cada vez que estoy en una situación placentera, suelo decirle a mis amigos "nacimos para esto". Estoy convencido de que el verdadero significado de nuestras vidas es el disfrute. Nacimos para disfrutar en familia, entre amigos, para disfrutar de los logros de nuestras personas queridas y también de los propios, para poder hacer cosas que nos den placer real. Nacimos y vinimos a esta vida a pasarla bien.

Este es un libro que recopila experiencias, pero de ninguna manera es un balance. Es que no creo en los balances, porque miro mucho más hacia el futuro que al pasado. Me gusta vivir el día a día y tratar de mejorarme un poco más con cada nuevo despertar. Y, sobre todo, me gusta seguir buscando nuevas aventuras que explorar. Por eso, quién sabe si en otras tantas décadas, cuando me acerque al fin de la segunda mitad de la vida, no me siente a escribir un nuevo libro...

Por lo pronto, acá están algunas de mis historias preferidas en estos 56 años de camino: las que me emocionaron, las que me marcaron, las memorables y las insólitas, las que me definieron y me hicieron quien soy. Las de una vida *bon vivant* y también las de un *self made man*.

Los invito a mi ventana al mundo.

Capítulo 1

De todas partes y de ninguna al mismo tiempo

Me di cuenta pronto en la vida de que mi lugar era lejos de la zona de confort. Lejos del nido familiar y la seguridad de mi casa en Buenos Aires. Quería salir y conocer el mundo. No le tenía miedo al desarraigo ni a insertarme en otra cultura. Es más, lo deseaba.

Desde chico fui a un colegio al que suelen ir hijos de diplomáticos y personas que muchas veces están por poco tiempo en Argentina, por lo que era común tener amigos por uno o dos años, y que luego se mudaran de país. El Liceo Francés me regaló amistades de por vida, porque a pesar de las fronteras, hoy sigo en contacto con muchos, visitándolos por el mundo. La distancia nunca fue una barrera, y desde esos pocos años entendí el valor de relacionarme con diferentes culturas.

Para los 17 ya había tenido algunos meses de experiencia en Suiza, donde me fui a esquiar por dos veranos a partir de los 13, pero quería más. Por eso, cuando terminé el colegio estaba decidido a irme a estudiar al exterior, y apliqué a diferentes universidades. Me aceptaron en tres: University of Southern California (USC), en Los Ángeles; Brandeis, en Boston; y NYU, en Nueva York. Elegí Boston, porque mi hermana Ondine estaba estudiando cerca. Varios años antes, mi madre había estudiado en Hunter College en Nueva York, por lo que ese gen de viajar para educarse ya estaba en mi familia.

Los primeros meses fueron los más fáciles, porque fue una decisión casi inconsciente. Para cuando se cumplió medio año, empezó a costarme. Sentía la falta de contención de mi familia y amigos. Vivía en el campus con un compañero del que nunca terminé de hacerme gran amigo (aunque me invitó a su casa en New Jersey un Thanksgiving para que no me quedara solo en la facultad). Compartíamos un cuarto diminuto con una sola ventana chiquita por la que no solamente entraba poca luz, sino que se tapaba cuando nevaba y había que salir a palear si queríamos ver algún rayito de claridad. El único atractivo de esa vista era una ardilla que se cruzaba cada tanto. Era casi una cárcel.

Lo peor llegaba cuando me tocaba volver a casa en vacaciones. Venía al verano en Punta del Este, disfrutaba con todos mis amigos a pleno sol, playa y navegación, y me tenía que volver a los 20 grados bajo cero en pleno invierno, con días que se hacían de noche a las 4 de la tarde. Nunca sentí más profundamente el peso que pueden tener el clima y la distancia. También me pesaba la presión del estudio, porque sabía lo cara que era esa oportunidad. Estudiar en Estados Unidos es muy costoso: requiere miles de dólares por semestre. Por eso, perder siquiera una materia no era una opción, y me internaba a estudiar por días enteros para no atrasarme. En ese momento empecé a sentir el desarraigo.

Aunque en un viaje de regreso a Buenos Aires logré un aliado: en una parada de colectivo me encontré a un amigo del colegio, Alejandro, que me contó que su plan era estudiar para ser guardaparques e irse a vivir al sur. Me pareció que era un despropósito ese destino para un chico con gran familia y educación, porque no estábamos hablando de una experiencia de un tiempo, sino de una vida entera. Sentí que iba a terminar aislado y sin poder explorar su gran potencial. Por eso, empecé a hablarle de lo que yo estaba haciendo y de cómo sería mejor para él venirse a vivir conmigo a Boston. Debo haber sido convincente, porque ese mismo día habló con el padre para contarle su cambio de planes. Estaba feliz de que su hijo hubiera entrado en razón y no fuera a desperdiciar su intelecto. Para el segundo año de mi estadía en Boston, Alejandro era mi *roommate*. Ya me explayaré en esto un poco más adelante en el libro.

Empezar a vivir

Pero ese cambio tampoco me alcanzó. Me había anotado en Computer Sciences y, aunque iba pasando de materias y año, tenía mucho cálculo y no me atraía tanto. En general, el estudio no era lo mío. Siempre fui un estudiante mediocre, porque básicamente cumplía. Nunca me atrasé, pero si había que pasar con 7, me sacaba 7. Solo quería recibirme y seguir adelante con mi plan de vida.

Por eso, a los dos años de estar en Boston la incomodidad fue tan grande que decidí dar un volantazo y anotarme en la universidad en Miami. Y cuando me aceptaron, hice las valijas y me fui sin pensarlo demasiado. Alejandro siguió estudiando en Brandeis con gran éxito en sus notas, y yo me mudé a la ciudad del sol y de pronto sentí que descubría la vida. La primera gran transformación fue vivir fuera del campus. Alquilé primero un departamento en Coconut Grove y después en Brickell Avenue, la famosa avenida que todos conocemos hoy, solo que lo hice hace 35 años, cuando todavía no había nada.

Conseguí un departamento en el edificio Villa Regina, que aún existe y es reconocido por estar pintado de muchos colores, obra del pintor israelí Yaacov Agam. En ese momento el edificio estaba en ejecución de hipoteca, dado que había una recesión y mucha gente no podía pagar sus expensas, por lo que era común que los consorcios entraran en un estado de emergencia en el que se suspendían ciertos servicios, como minimizar la seguridad o el rol del guardavidas en la pileta. Pero para mí era un lujo. Había conseguido un departamento que, aunque no tenía vista, estaba en un piso alto y era parte de una torre en primera línea al mar. Además, tenía un BMW 325i negro convertible que mi padre había comprado con un crédito a pedido mío, y que hasta venía con su propio teléfono celular, algo único en ese momento. ¿Qué más podía pedir? Después de dos años duros en Boston, sentía que se había abierto una luz en mi vida.

En esta nueva etapa me había anotado en Producción de TV y Fotografía, una carrera mucho más parecida a lo que hacía mi padre en Buenos Aires. Era un programa de estudios más artístico, muy lejos de los números de la anterior. Pero en Estados Unidos hay muchas materias que son de formación general y que aplican a varias carreras, por eso fue importante tener aprobadas varias pendientes de Computer Science. Y para no retrasar el proceso, el verano previo a empezar las clases en Miami decidí irme a París a hacer dos cursos de Historia del Arte en el American College.

Convencí a mi mejor amigo, Guillermo, de que lo hiciera también, y nos fuimos a un departamento chiquito en París que era de mi papá. Nos quedamos junio, julio y agosto estudiando y disfrutando la belleza de esa ciudad, con sus bares, sus cafés y su vida cultural siempre apasionante. Al final, aprobé todas las materias y pude transferirme a la universidad de Miami sin problema y sin atrasar mi fecha de graduación. Tengo recuerdos vívidos de esos meses sintiéndonos parisinos, caminando a hacer las compras, moviéndonos en el metro, estudiando. Tenía 20 años y fue uno de los mejores veranos de mi vida.

Siempre libre

Dos años más tarde de ese traspaso a Miami, me recibí. Con 21 años, era una persona totalmente desarraigada. Ya había vivido en Los Ángeles (unos meses al inicio de mi experiencia, antes de empezar a estudiar), Boston, París y Miami. En todo ese tiempo, mis padres habían venido poco, apenas una vez al año. Pero siempre me repetían que les parecía fundamental vivir este momento de la vida. También, que si en algún momento sentía que no funcionaba o no me gustaba más lo que estaba haciendo, tenía las puertas abiertas para volver. Creo que en esa libertad que me dieron se inscribió la seguridad para quedarme. Me dieron una red de salvación que de faltarme me hubiera generado mucha ansiedad y angustia.

Para mí siempre fue muy importante saber aprovechar los momentos en los que hay una oportunidad. La vida brinda posibilidades que no siempre vuelven. Hoy estoy convencido de que no hubiera sido la misma persona si me hubiera quedado en Argentina. Mi cabeza se abrió de una forma incomparable. En lo social, lo cultural, lo psicológico. Y eso repercutió en cada decisión que tomé de ahí en adelante. Me dio perspectiva y dimensión y fue la semilla para convertirme en un hombre de mundo: alguien que puede desenvolverse bien en cualquier punto del globo.

Una vez que terminé mis estudios, volví a subirme a mi BMW convertible y me fui manejando hasta Los Ángeles. Tenía una oferta de trabajo para desempeñarme junto a Howard Goldfarb, un productor de larga trayectoria, que era amigo de mi padre. Con él viajé por primera vez a un festival internacional, Cannes. Trabajé a su lado durante seis meses, pero cuando empecé a moverme en Hollywood y a contactar con diferentes personas, me encontré con algunos negocios que eran ideales para la empresa de mi padre. Y entendí que me convenía más llevárselos que quedarme en Estados Unidos trabajando para otra persona.

Un afiche de presentación de las películas que ofrecía la agencia de Goldfarb, de la época en la que trabajaba con él.

Así que volví a hacer las valijas y emprendí el regreso a Buenos Aires. Fue la decisión indicada, porque me convertí en el comprador de películas independientes más grande de Latinoamérica. A lo largo de mis 20 años de carrera, cerré contrato por unas 2000. Viví una locura de viajes y festivales. Pero no nos anticipemos.

Volver a las bases

Apenas volví al país, me instalé durante tres meses en la casa de mis padres mientras buscaba un departamento para alquilar. El trámite fue rápido: enseguida encontré uno en el barrio de Belgrano y me fui a vivir solo. Tenía 22 años y empecé a trabajar con mi papá, aprendiendo su oficio y su *expertise*.

Al inicio viajábamos poco, y cuando lo hacíamos era con un presupuesto muy bajo. Reservábamos una sola habitación en un hotel y dormíamos con mi hermano Tomás y el gerente de ventas, porque eran nuestros primeros tiempos y éramos tímidos al momento de gastar. Hacíamos viajes cortos de negocios puntuales, en general difíciles de cerrar.

Como me había pasado en mis primeros meses en Estados Unidos, adaptarme al regresar también me costó. Aunque enseguida volví a sentirme parte entre mis amigos y mi familia, en el trabajo no estaba del todo cómodo. En Argentina somos relajados en lo social pero complicados y lentos en los negocios, y ese choque fue difícil. Por eso, traté de buscar un equilibrio: hice base acá pero trabajé para afuera, para Estados Unidos, México o Brasil, aprovechando que en dólares este fue históricamente un país barato. Saqué provecho de lo mejor de ambos mundos. Y lo que empezó significando dos o tres viajes puntuales al inicio se redondeó en uno por mes. Nos complementamos muy bien con mi padre, que por suerte siempre tuvo clara la importancia de delegar y supo hacerlo en mí. Aceptó desde el inicio mi mentalidad más abierta y joven, lista para explorar caminos que a él no se le hubieran ocurrido. En varios casos encontré soluciones para cuestiones que él daba por perdidas. Trabajamos juntos por varios años, hasta que murió.

Segunda oportunidad

Lo que siguieron fueron décadas de mucho trabajo, en las que viví viajando pero no me moví de Argentina. Hasta 2012. A raíz del desarrollo de una empresa de marketing digital con un socio (ya contaré en detalle esto más adelante), decidí mudarme a Miami. Habían pasado muchos años desde mi época de estudiante, y volví como un hombre distinto.

En todo sentido: en lugar de vivir dentro de un campus y tener un *roommate*, me compré un departamento en un piso 65 frente al mar, tenía un Bentley convertible y un barco en la marina de Miami Beach. Vivía muy bien. Y como extrañaba mucho a mis hijas, que habían quedado en Argentina, a través de un amigo aeronáutico que me anotó como familiar logré acceder a pasajes de primera clase baratos para volver a visitarlas todos los meses.

Hasta que en 2015 hubo un cambio de gobierno en el país, y sentí que había esperanza de un futuro mejor para Argentina. A la empresa de marketing no le había ido tan bien -mi socio no me había acompañado-, así que decidí dar por concluida esa experiencia. Y volví, una vez más.

No me arrepiento. Hoy vivo muy feliz en este país, y no me gustaría estar en otro lado. Buenos Aires me parece una de las ciudades más lindas del mundo. Dejando de lado el caos en el que vivimos todos los días (más bien adaptándonos a él), creo que la ecuación costo/beneficio aquí es excepcional. Es una ciudad única, que tiene un poco de todo y que brinda una libertad que pocas veces sentí en otros lados.

Todavía tengo destinos pendientes para visitar, aunque estuve en muchos países. Pero si tengo que pensar los lugares donde fui más feliz, están todos en Latinoamérica, entre Buenos Aires y Carmelo, Uruguay, donde construí una casa que quiero mucho. Tiene una energía y un magnetismo impresionantes, y me da paz estar ahí. Me dan alegría los lugares de veraneo, esa despreocupación de las vacaciones, y evoco con felicidad temporadas en Saint Tropez y en Ibiza. Pero durante todo el año, en Buenos Aires soy feliz. Me siento parte de esta ciudad como si de alguna forma hubiera tenido que ver con su historia y su creación hasta llegar a ser lo que es hoy.

Viaje a mis orígenes

Hoy brego porque mis hijas hagan sus propias experiencias afuera. Guadalupe, la mayor, aplicó para hacer un semestre en FIU, Florida International University, en Miami. Ellas no fueron tan independientes como yo lo fui de chico; en general estuvieron cerca de su madre, por lo que creo que vivir un tiempo lejos les va a hacer bien. Vivir solas las va a ayudar a experimentar la vida real. No creo que haga falta una exposición de cuatro años como fue mi caso, alcanza con algunos meses para empezar a crecer.

Con padre francés, madre rumana, habiéndome ido a los 17 años a estudiar durante cuatro a Estados Unidos y con viajes por cuanto destino exista, sin duda me siento un ciudadano del mundo. Suelo decir que tengo un 30% de argentino, un 30% de norteamericano y un 40% de europeo. Soy una mezcla, y no solo por los genes.

Hace unos años me dispuse a mirar mis orígenes también. Saqué el pasaporte rumano para mis hijas y para mí, y las llevé a Bucarest. Viajamos también con Leticia, la madre de las chicas. Nos hospedamos en un hotel céntrico y caminamos mucho por la ciudad, recuerdo que hablamos con gente para descubrir cómo era la cultura, y nos trataron muy amablemente. Rumania es un país que está alto en el ranking que mide la felicidad, y pudimos notarlo en la calle.

Pero el plan mayor fue llegar a Iaši, el pueblo donde nació mi madre. Así que luego de unos días, nos tomamos un avión y llegamos a este pequeño punto casi en la frontera con Moldavia, bastante aislado. No teníamos datos de contacto para visitar y así conocer algo más de la historia de mi abuelo materno, y sin embargo fue un recorrido muy emotivo. Caminamos sus calles, conocimos a su gente, visitamos mercados, incluso nos metimos en un servicio religioso en una sinagoga, que bien podría haber sido la de mi abuelo, que era rabino.

Fueron días emocionantes. Me movilizó poder transmitirles aunque fuera una pequeña parte del legado familiar a mis hijas. Ellas decidirán a dónde van en el futuro, pero yo quise mostrarles de dónde vienen. Me hubiera encantado que mis padres hicieran esto conmigo.

Del lado de mi papá, en tanto, no tengo ninguna información, porque escaparon durante la guerra y perdieron absolutamente todo. Incluso mi padre, durante mucho tiempo, no quiso saber nada con París. Era un tema que tenía muy negado; había cerrado esa puerta por el dolor que le había generado abandonar su país y su casa. De hecho, estaba tan ofendido con Francia y su comportamiento durante la guerra que, una vez en Argentina, fue hasta el consulado francés, pidió ver al embajador y le devolvió el pasaporte. Directamente renunció a la ciudadanía, y desde entonces se inscribió como argentino.

Hizo las paces con su país de origen mucho tiempo después. Décadas tras la guerra, cuando se dio cuenta de que Francia había cambiado, de que el antisemitismo no poblaba las calles, y de que muchísimos judíos vivían ahí, pudo perdonar. Cuando constató que esa idea del nazismo no se había radicalizado, volvió a creer en su país. Por entonces, compró ese pequeño departamento de París en el que estudié aquel verano.

En cambio, Francia siempre fue para mí un país con el que tuve mucho contacto. Debo haber estado más de 100 veces en el sur, yendo a festivales de cine y de televisión varias veces por año durante 20 años. Hoy uno de mis mejores planes de viaje es ir a París, caminarlo, recorrer sus parques y museos, y sentarme en un café a mirar su gente y disfrutar la atmósfera y el espíritu de la ciudad.

Unos meses atrás fui a una exposición de arte en el Museo de los Inmigrantes en Buenos Aires. Cuando me estaba por ir, me contaron que era posible chequear en el sistema cuándo y en qué barco habían llegado mis antepasados al país. Me acerqué y me encontré con el certificado de mi mamá, que había llegado en 1935 desde Hamburgo, y con el de mi papá, que venía desde Brasil en 1945, al fin de la

Segunda Guerra Mundial. Estaban los certificados de ellos, sus propios padres y sus hermanos. Fue impresionante encontrar constancia tan prolija de esos ingresos, tantos años antes de que se conocieran, tantos años antes de que yo empezara mis propios viajes de descubrimiento y aventura honrando su sangre.

Capítulo 2

De los vicios al placer

Siempre me gustó la noche.

Pero empecé a salir tarde: tenía 20 años cuando me emborraché por primera vez. Había estado dos años en la universidad en Boston, pero no había probado una gota de alcohol. Si bien después de los partidos de rugby en Brandeis nos ponían los *kegs*, unos barriles enormes de cerveza, elegía no tomar.

Cuando me mudé a Miami, las cosas cambiaron. Los norteamericanos tienen una cultura casi agresiva con el alcohol, y en un momento caí en sus redes. Un grupo de amigos me invitó a ir con el auto a un parque que estaba cerca del agua, en Coconut Grove. Y cuando estacionamos, me propusieron un ritual muy típico, al que accedí entre nervioso y divertido: sacaron un embudo y cuando me lo puse en la boca me tiraron como cuatro cervezas juntas, tal cual sucede en las películas. Sentí cómo el alcohol me bajaba directo al estómago. La borrachera fue instantánea.

Esa noche entendí la importancia de crear una cultura alcohólica. De conocer el propio cuerpo, saber lo que te gusta y hasta dónde tomar. Aunque no tengo ningún recuerdo de cómo llegué a casa ese día, solo sé que a la mañana siguiente tuve que volver a buscar el auto al parque.

La noche de Miami

Desde ese episodio, comencé a dar mis primeros pasos en la noche. Tener un auto era algo favorable, porque me daba independencia. Así que a veces hasta salía solo a distintos bares. Como todos, tenía mi *fake* ID, heredada de mi hermano, que tiene dos años y medio más que yo. Con esa identificación podía comprar alcohol sin problema, algo que en Estados Unidos está prohibido para menores de 21 y con lo que suelen ser muy estrictos.

Pero no era una tarjeta mágica: incluso con el ID no era fácil entrar a ciertas discotecas. Pero tenía un amigo del colegio llamado Samer que vivía en Miami y era karateka, y lo habían puesto a manejar la seguridad del boliche más importante de South Beach (una zona en la que en ese momento no había nada, puro desierto). El local se llamaba Club Nu y este chico era el encargado de la puerta. Me acuerdo que en ese momento yo salía con una chica altísima, como de 1,85, y cada vez que estaba con ella siempre causaba buen impacto y entrábamos rapidísimo. Yo tenía 20 años y ella 18. Para mí era increíble cómo se podían abrir ciertas puertas, porque en ese momento no tenía un peso partido a la mitad.

Ahí, en Club Nu, aprendí a disfrutar la noche. Me hice habitué y conocí a distintos personajes. Entre ellos, a los Gipsy Kings. Para mí eran lo máximo, porque salían en la radio, y me moría por conocerlos en persona. Así que una noche que descubrí que estaban en el VIP, me las ingenié para llegar. ¿Cómo? A través de la cocina. Aprovechando que conocía el lugar, me colé y llegué hasta una salida directa al sector donde estaban. Era una especie de box privado para unas 10 personas, con un sillón circular.

Con total desparpajo, me acerqué y les empecé a hablar en francés. Esto les llamó la atención, porque en Miami en general no hay muchos franceses. Les conté que era argentino y ellos me hablaron sobre sus orígenes tocando en las playas y en la calle en el sur de Francia, ese tiempo antes de ser descubiertos y volverse mundialmente famosos. Era 1987 y estaban en la cresta de la ola.

Muchos años después, en el restaurante Bagatelle de Saint Tropez me encontré con Chico Castillo, uno de los integrantes. Ese lugar es como un beach club al aire libre, y él había ido a tocar. Resultó que cuando lo presentaron me di cuenta de que estaba sentado a 5 metros, así que cuando terminó el show me acerqué y le conté que muchísimos años antes nos habíamos conocido en Miami.

Hicimos una gran conexión. Tanto, que nos pasamos la semana siguiente saliendo a comer, a bares y a la playa juntos. En siete días nos hicimos amigos. Y dio la casualidad de que él estaba por mudarse a Miami, donde yo vivía en ese momento. Así que también ahí nos seguimos viendo. Lo acompañaba a restaurantes de dueños franceses donde algunas veces tocaba y era impresionante verlo en acción: nadie se quedaba sentado. Generaba una energía y una alegría increíble en el público.

Continuando con la noche, una vez que creé mi cultura alcohólica, dejé la cerveza de lado y empecé a tomar tragos. Me gustaba el gin tonic y el destornillador (vodka con jugo de naranja), preferencias que mantengo hasta hoy. Y lo que desterré por completo fue el tequila, porque tuve una muy mala experiencia en México.

Mi amigo Gustavo había alquilado una villa en Puerto Vallarta y me había invitado por unos días. Ahí se hospedó con su mujer y la hermana de ella en una casa espectacular con vista directa al mar y una pileta de borde infinito. Recuerdo que apenas llegué me recibieron con el guacamole más rico que había probado en mi vida.

Por la tarde empezamos a maridarlo con *shots* de tequila, que luego continuamos tomando mientras comíamos algo en el pueblo.

La siguiente escena que recuerdo es estar desnudo en la ducha con la cuñada de Gustavo. La borrachera fue tal que empecé a vomitar y me sentí mal todo el resto de la estadía.

El tequila es un alcohol muy peligroso y sobre todo traicionero, porque uno lo toma y hace efecto mucho después. No volví siquiera a olerlo, aunque creo que esa noche valió la pena. Lo pasé increíble y me quedó la anécdota.

Ibiza, la fiesta eterna

A mis 27 años escuché hablar por primera vez de Ibiza.

Viajaba a Europa tres o cuatro veces por año por trabajo, y en uno de esos viajes alguien me comentó de la existencia de esta isla: el paraíso de la fiesta y la vida natural. Así que cuando en abril viajé al MIPTV en Cannes, uno de los eventos de TV del año, aproveché que estaba cerca, compré un pasaje y fui. Me hospedé en un hotel de la cadena Relais & Chateaux, la Hacienda Na Xamena. Tenía unas vistas impresionantes desde un acantilado sobre el mar, y me quedé fascinado apenas entré a mi habitación. Pero no tardé mucho en darme cuenta de que algo estaba mal: el hotel estaba vacío. Cuando pregunté por qué, me dijeron que la gente llegaba más hacia el fin de semana, y yo había llegado un domingo a la tardecita. Si eso era la Ibiza que tanto me habían recomendado, era una absoluta desilusión.

Me pasé tres días recorriendo la isla en un auto, admirando las calas y conociendo los distintos recovecos de lo que en ese momento todavía era un paraíso hippie.

Y me aburrí muchísimo.

Al tiempo, me enteré de que la temporada sucede de junio en adelante, pero en ese momento, sin internet a la vista por varios años más, no había manera de corroborar ese dato. Así que me volví a Argentina esperando tener otra oportunidad de conocer la movida que me habían prometido.

Al año siguiente, un grupo de amigos me comentó que iban a Ibiza, y decidí acompañarlos. Lo que descubrí entonces fue un mundo completamente distinto al que yo había conocido. Me encontré con una isla mágica y maravillosa, donde el concepto de disc jockey era incipiente, donde las discotecas eran a cielo abierto y con las vistas más increíbles, donde había restaurantes en el medio de campos. Los locales eran hippies amables y súper serviciales.

En la isla había algunos lugares míticos. Por ejemplo, el hotel Pikes, en la zona de San Antonio. Fue creado por el inglés Tony Pikes, que lo instaló en el medio del campo, y fue el primer hotel rural, por donde pasaron todas las celebridades de la música mundial, desde Grace Jones y George Michael a Julio Iglesias. Tuve la oportunidad de hospedarme muchas veces, y aún hoy sigue siendo un lugar icónico de la isla. Como rezan en su web: "Pikes es una familia internacional de inadaptados y amantes de la diversión que canalizan el espíritu original de Ibiza, y estás invitado a nuestra fiesta". Su barra dentro de la pileta es legendaria.

Otro gran plan era ir a Pacha, una de las mejores discotecas de la isla. Me gustaba y todavía me sigue gustando ir al VIP y estar rodeado de personas de todo el mundo. Poder tener a la izquierda una mesa de ingleses, a la derecha una de franceses, a un costado a un jeque árabe, y al otro a algún conde. En esas noches conocí a Herman, un holandés de muy buena familia que era un gran gozador de la vida, y que me invitó a navegar en su velero de estilo goleta antigua, tipo barco de pirata. Conocerlo fue como abrir una ventana a una vida única. Como todos en Ibiza, estaba un poco loco, pero era una locura bien canalizada, con mucho buen gusto, elegancia y un gran amor por el disfrute.

Nos vimos varias veces, y en un viaje finalmente me quedé un mes arriba de su barco, donde había montado un estudio musical, dando la vuelta a la isla. Parábamos en diferentes calas e íbamos disfrutando las fiestas que se armaban en cada una. Eran los tiempos más hippies de Ibiza, y recuerdo ver bebés colgados en unas hamacas paraguayas chiquitas, que funcionaban como cunas, mientras sus padres bailaban al lado de fogones. Una visión muy surreal.

Recuerdo que la noche que conocí a Herman salimos del boliche y nos subimos a su Cadillac antiguo, con el que tocó un botón y lo volvió convertible. Adentro tenía unos 45 parlantes, algo inédito para ese momento. La multiculturalidad siempre fue una de las facetas más espectaculares de Ibiza. Llega gente de todas partes del planeta, y es muy fácil hacerse amigos.

En la isla también pude conocer a ciertos dueños de discotecas que pocos frecuentan, porque no atienden a nadie.

Los conocí a través de chicas con las que salí, que a su vez habían salido con ellos. Un ejemplo fue Martín Ferrer, dueño de Amnesia, otra de las discotecas más importantes, y de la sucursal española de la agencia de modelos Elite. Él me hizo ingresar a su oficina adentro del boliche, un espacio muy impresionante de sillones de cuero y enormes alfombras, decorado con todas las cabezas de animales que había cazado en África, desde elefantes a leones. Se respiraba una energía muy heavy en ese espacio, que se coronó con un whisky a las 5 de la mañana.

Pasaron 29 años desde mi primera visita a Ibiza.

Sigo yendo casi todos los años, pero las cosas han cambiado mucho. Hace 15 pusieron una enorme carretera que atraviesa la isla y todo se volvió mucho más *mainstream*. Quedó lejos esa isla hippie de encanto natural, a la que llegaban los verdaderos amantes de la noche y la música electrónica. Hoy estalla de turistas y el ambiente cambió significativamente. Por eso, ahora uno de los planes más interesantes es llegar hasta Formentera, la isla que está justo enfrente, y que un poco recrea el encanto de su vecina en los primeros tiempos.

Por estos días, mi rutina en Ibiza es un circuito bastante aceitado. Me despierto no antes de las 11 o 12 del mediodía, y no bajo a la playa antes de las 3 de la tarde, porque no es aconsejable exponerse al sol en otro horario. Puedo ir al mar o a navegar, y me quedo hasta las 8 o 9 de la noche. Últimamente noto que alrededor de las 7 la gente se va corriendo, y pienso que se pierden el mejor momento, la hora mágica del atardecer. Mejor para mí.

A eso de las 9 vuelvo al hotel o a la casa (dependiendo dónde me hospedo esa vez), me doy una ducha y me preparo para salir a comer. Mi lugar preferido es Cipriani, que mucho más que un restaurante es un club social. Pero llego tarde, hacia las 11 u 11:30 de la noche, cuando la gente se está yendo, porque no me gusta esperar ni hacer reserva. De esa manera, como súper tranquilo. Después puedo ir caminando hasta la zona de Lío, donde hay un bar, y más tarde puedo ir a alguna discoteca un rato a bailar. A eso de las 3 o 4 de la mañana me gusta volver a dormir. Y a la mañana vuelvo a empezar este recorrido de fiesta y disfrute infinito.

Lo que para mí es más interesante de ir a Ibiza en agosto es que siempre te encontrás con amigos de todas partes del mundo. Algunos tienen casa y otros barco, y es muy común terminar disfrutando en las maravillosas playas de Formentera durante el día y la noche.

En 2022, cuando cumplí 55, elegí festejar con varios amigos en Madrid e Ibiza. Pasamos primero cuatro días en la capital española, en un departamento espectacular sobre la Calle del Prado. Alternamos entre comer en buenos restaurantes e ir a museos con salir a bailar y aprovechar a conocer lo mejor de la noche madrileña.

Luego nos fuimos a Ibiza. Éramos 12 y alquilé una pequeña villa con vista a la vieja ciudad y una pileta enorme. Fuimos a los mejores restaurantes y boliches, siempre con mesas exclusivas, y hasta a la reinauguración de Amnesia, que abría por primera vez después de estar cerrada por la pandemia. Fue una fiesta de 15 horas *non stop*. Cumplía 55 pero me hizo acordar mucho a mis primeros tiempos en la isla.

En Ibiza también me di el lujo de pasar dos noches con Lionel Messi, el mejor jugador de fútbol del mundo. Insisto, esta isla es un lugar mágico, en el que podés darte vuelta y empezar a hablar con alguien sin saber que es de las personas más importantes del planeta. Es que cuando está ahí, todo el mundo tiene una actitud muy sociable y abierta, porque ese es el espíritu del lugar.

Así, una noche, estando en el Lío, miré hacia el VIP y me di cuenta de que estaba Messi junto a un amigo mío, el Facha, que era como uno de sus secretarios. Saludé a mi amigo de lejos y él me hizo ingresar y me presentó a Lionel. Nos quedamos charlando una media hora, con mucha buena onda.

Hablamos de la vida en general, de dónde era él y de dónde era yo. Le conté que no era un fanático del fútbol y sentí que eso le gustó, porque no lo estaba idolatrando, sino que podíamos hablar de igual a igual, sin adular. Me resultó alguien tímido y bastante reservado, muy humilde y tranquilo. Eso me sorprendió, y más me sorprendió tener temas en común, no pensé que podríamos hablar demasiado. Nos contamos sobre nuestra vida familiar, sobre los proyectos de vida, sobre cuánto nos gustaba Ibiza. Conectamos mucho, se generó esa química medio inexplicable que a veces es cuestión de energía. Las nuestras coincidieron.

Tanto, que me invitó a acompañarlo a Pacha, donde iban a ir más tarde con el resto del grupo. Salimos por una entrada del costado para evitar el tumulto de la principal y nos estaban esperando seis BMW con choferes, todos vestidos de traje impecable. Aunque la distancia entre Lío y Pachá son apenas 300 metros y yo suelo recorrerla caminando, fuimos en auto para evitar que lo reconocieran.

Cuando entramos, nos estaba esperando la mejor mesa de toda la discoteca. Nos quedamos ahí hasta altas horas, bailando y charlando. Aunque Messi apenas tomaba agua o algún aperitivo tipo un Aperol, muy tranquilo, recuerdo esa noche como una de las mejores de mi vida.

A los dos días, la historia se repitió. Vi a Lionel en el VIP de Lío y me acerqué a saludar. Y esta vez, la invitación fue para acompañarlo a Amnesia. Así que nuevamente me di el lujo de salir con el mejor jugador de fútbol en la ciudad con mejor fiesta del mundo.

Por ese tiempo, Messi estaba jugando en Barcelona y todavía no tenía hijos, Antonela recién estaba embarazada del primero, Thiago. No me lo volví a cruzar nunca más, imagino que desde entonces la vida familiar le debe haber cambiado mucho el perfil de salidas.

Creo que hay cuatro lugares del mundo donde la movida nocturna es legendaria: Ibiza, Saint Tropez, Míkonos y Cerdeña, todos durante el verano. Estuve en los cuatro, y en todos disfruté muchísimo, con experiencias de nivel y gente increíble. Ese clima caluroso que parece que nunca termina, el color y la temperatura del agua, la libertad de las personas... Todo hace a un combo imbatible. Pero si me tengo que quedar con uno, sin duda me quedo con Ibiza.

La electrónica, un amor constante

Mi romance con la noche también nace de mi amor por el baile. Creo que es la expresión de la alegría en el cuerpo, y siempre me gustó bailar. También siento que es de las pocas cosas que hacemos en el presente. Bailando se pierde la dimensión de todo, estás ahí, en el momento. Es un poco como cuando jugás al golf y estás en la cancha abstraído, completamente inmerso en el juego. Creo que el baile tiene un poco de eso, y entonces es casi como hacer terapia. O como el *mindfulness* del que tanto se habla.

Soy un hombre de la música electrónica, nací y crecí con ella. De hecho, tuve mis propias épocas de DJ. Cuando viajaba a Europa por trabajo, aprovechaba y visitaba a unos amigos en Ámsterdam. Allí mi hobby era ir a las disquerías y quedarme horas escuchando vinilos. Después compraba varios y los traía a Argentina.

En Buenos Aires iba mucho a una disquería que estaba en Cabildo y Juramento. Ahí conocí a Hernán Cattaneo, hoy uno de los DJs más importantes, que en ese momento era el dueño de ese local. Nos hicimos amigos a raíz de mis muchas visitas luego de cada viaje. Tres veces por año, al menos, llegaba a la disquería con mi material nuevo y, si había descubierto que algún tema no me convencía, hacíamos intercambio con Hernán por algún otro. Se fue generando un vínculo sobre la base del amor por la música.

Muchos años después tuve el honor de que me diera la cabina para pasar unos temas. Fue en Pacha Buenos Aires (donde en 1987 había ido a la inauguración por invitación de la sucursal original de Ibiza y ya entonces conocía a todos los DJs que se presentaron). Hoy sigo reencontrándome con Hernán desde mi amor por la electrónica: me encanta ir a ver sus grandes shows en Córdoba o Mendoza. Los últimos dos años incluso coincidimos en el avión, sentados lado a lado. ¡Tenemos unas buenas *selfies* de esos viajes!

También puedo jactarme de que los primeros *afters* que se hicieron en el país los hice en mi casa. Hacia 1997, Steve Lee era el DJ de El Cielo, la discoteca más grande de Buenos Aires, y éramos amigos. Por las madrugadas, cuando terminaba de tocar, solíamos volver en grupo a mi departamento de Belgrano, en el piso 26 de una torre con vista al río, y él ponía música en las bandejas mientras seguíamos la noche un poco más.

El amor por la música electrónica también me hizo viajar por el mundo a distintos festivales y fiestas. Recuerdo que una vez mi amigo holandés hizo un cumpleaños de tres días en Ámsterdam. También viajé a esa ciudad por el Día de la Reina, un evento en el que todas las casas dibujan con una tiza una marca en la calle y ahí dentro dejan sus cosas viejas para venderlas. Y durante esos días, que son feriado nacional, hay muchísimas fiestas y festivales electrónicos. Además viajé por el globo para ver a todos los DJs importantes, y debo haber visto unas 10 o 15 veces a cada uno. De casualidad, hasta estuve en Omán la noche que murió Avicii.

Cuando escucho música electrónica, mi cuerpo reacciona de inmediato. Parece que me pidiera bailar. Encuentro fascinante cómo este género sigue evolucionando con nuevos sonidos, estilos y mezclas. Si me preguntan cuál es mi DJ favorito, Hernán Cattaneo rankea alto. También me gusta David Guetta. Aunque muchos digan que se ha vuelto demasiado comercial, creo que justamente por eso es valioso, porque fue capaz de posicionar la música electrónica en todo el planeta.

Mi relación con el juego

La primera vez que pisé Las Vegas tenía 12 años y llegué con mis padres. Por supuesto, no pude entrar a ningún casino, pero la energía de esa ciudad me quedó impregnada.

A los 20 años, volví con amigos, y gracias a mi ID falso finalmente pude entrar. Jugué por primera vez, y me fascinó. Nunca me voy olvidar del desayuno inicial que recibí en el hotel donde nos hospedamos, el Hilton. Nos trajeron unas bandejas enormes que teóricamente eran gratis. Digo teóricamente porque te regalan un desayuno de 50 dólares, porque saben que después te van a sacar 200. El sistema de regalos a los jugadores está muy aceitado y es un gran incentivo. Saben que lo que se pierde adentro es mucho más que lo que esos gestos pueden costar. Este es un sistema que, después comprobaría, se repite en todos los casinos del mundo, incluso en los que están en cruceros y barcos de lujo.

Después de esa primera experiencia, sin embargo, no volví a jugar de inmediato. Estaba estudiando y no disponía de dinero.

Muchos años después, cuando me desvinculé de la empresa familiar y me descubrí con tiempo libre entre las manos, se me ocurrió armar un circuito de casinos por todo el planeta. Y así empecé un recorrido que incluyó Las Vegas, pero también Londres, los Emiratos Árabes (donde no son legales los casinos, pero sí los hay en los cruceros que llegan hasta ahí), Montecarlo y las islas Bimini, en las Bahamas, por solo nombrar algunos puntos del mapa.

En todos los casinos llevan como un sistema de rating de los jugadores. Cuando te sentás a la mesa, comienzan a medir tu tiempo de juego e intensidad de la apuesta. Están interesados en que juegues una cierta cantidad de horas, porque si te quedás más, tenés más chances de perder. Lo ideal son unas tres o cuatro horas diarias, y las apuestas empiezan con fichas de 100 dólares. Si uno levanta el nivel de apuesta, también suben los beneficios. Así, todo lo que pedís, desde una botella de champagne Cristal hasta un masaje, se va anotando. Y al final de ese día (o del viaje en el caso de los cruceros), dependiendo de si ganaste o perdiste, te los cobran o regalan. Pueden incluso pagarte los pasajes de avión con los que llegaste y, para que sigas jugando, hacerte descuentos de hasta 30% en las pérdidas. Por supuesto, el negocio siempre es redondo para el casino, pero al menos te hacen sentir que te agasajan.

Mi juego es el *blackjack*. Me gusta jugar solo en una mesa, porque no quiero que pidan cartas que puedan afectar mi desempeño. Ese es un pedido que se le suele hacer al jefe de la sala, y de acuerdo a tu simpatía y a tu nivel de juego te lo conceden. Sí, me he quedado incluso más de esas tres o cuatro horas deseadas por el casino.

La mayoría de la gente no lo sabe, pero Londres es una de las ciudades del mundo con casinos más espectaculares y lujosos. Como legalmente no pueden poner carteles por fuera para promocionarlos, son discretos y no se ven, por lo que parecen casas comunes. En el distrito de Mayfair, la zona más elegante de Londres, hay casinos que son palacios. Son clubes privados a los que solo podés acceder si sos miembro, y yo lo fui por un tiempo. Te van a buscar al aeropuerto en un Rolls Royce con un chofer de guantes blancos, te reciben de traje, te ofrecen los mejores habanos del mundo, tienen restaurantes con tres chefs diferentes a tu disposición las 24 horas. Y a diferencia de Las Vegas, que es un hervidero de gente todo el tiempo, aquí podés llegar al lugar y que solo haya cinco mesas. Es un ambiente súper exclusivo. Y uno carísimo, claro, pero es una experiencia que vale la pena vivir aunque sea una vez en la vida. ¡Vale la anécdota!

Los casinos en cruceros y barcos de lujo fueron otra de mis debilidades. La empresa Silversea Cruises tiene distintos barcos que dan la vuelta al mundo, algunas por Europa y Asia y otros por el Caribe, Estados Unidos y Hawái. Uno puede elegir cuándo subirse y cuándo bajarse. En uno de mis viajes me subí en Londres, hice todo el norte de Francia hasta Bordeaux, donde me bajé, tomé un helicóptero y sobrevolé el área de los viñedos. Después el barco siguió hasta terminar en Bilbao, en el norte de España, donde me quedé dos noches y me maravillé con la actitud sibarita de la gente de esa ciudad, que prefiere gastar 100 euros en ir a comer que en cambiar el auto, por lo que está lleno de restaurantes espectaculares.

Estos cruceros llevan entre 400 y 500 personas, con una enorme cantidad de personal. Tuve suites con mayordomos a los que podía pedirles lo que quisiera, desde que me plancharan la ropa hasta que me hicieran una reserva de excursión en una ciudad para el día siguiente. Son cruceros con todo incluido, pero con el más alto nivel de comida, bebida y atención. Con ellos fui a los Emiratos Árabes, a las islas griegas, al Caribe, incluso tomé uno desde Buenos Aires hasta Río de Janeiro. Estos casinos en los barcos solo pueden funcionar cuando están en aguas internacionales, no en puerto. Así que siempre hay que esperar unas horas luego de que zarpan. Suelen tener un salón VIP especial para los jugadores en el que te reservan mesa, y hasta podés tener tu propio *croupier* esperándote. La mayoría de los que van a estos cruceros tienen de 70 años para arriba, pero a mí siempre me divirtió muchísimo la propuesta. Fueron de las mejores experiencias de mi vida.

Otro destino interesante que conocí de la mano del juego fue Montecarlo. Increíblemente, ahí los casinos son del Estado, pero como el estado está constituido por príncipes y reyes, el nivel es el más alto. Incluso los mejores dos hoteles son del Estado, y a la vez son de los mejores hoteles del mundo (dentro de uno cocinaba Alain Ducasse, de los chefs más premiados que existen). En los casinos de Montecarlo me han recibido en limusina en el aeropuerto y llevado a comer a restaurantes de estrellas Michelin.

Visitar estos casinos fue una forma de turismo. Por muchos años, no fui simplemente a jugar, sino también a conocer y disfrutar todo el contexto alrededor. Esta clase de vida me abrió la puerta a experiencias que nunca se me hubiera ocurrido hacer por mí mismo. Hoy, que ya no juego más, pago para seguir disfrutándolas.

El juego sin duda es un vicio. Hay personas que han perdido absolutamente todo por él, hasta la familia. El gran problema del jugador es que, cuando pierde, siente que va a tener suerte, y quiere apostar el doble para recuperar lo que perdió. Pero lo vuelve a perder, vuelve a duplicar, y cuando se da cuenta ya ha perdido 50 veces lo que tenía.

No recuerdo si gané o perdí la primera vez que jugué, pero sí que me fui del casino con una muy buena sensación. Me gustó la adrenalina. Aunque siempre pasa lo mismo: entrás con 100, ganás 200 o 300, te endulzás, y esos 300 se convierten en cero. El secreto es saber con cuánto entrar y con cuánto salir, pero es imposible, porque el cerebro genera un razonamiento engañoso que nos hace creer que ahora sí, ahora estamos de suerte, ahora las cosas van a cambiar, entonces nos hace jugar cada vez más, hasta perder todo.

Es un comportamiento humano habitual que esta industria ya tiene estudiado y utiliza a su favor para generar imperios. No en vano es uno de los negocios más lucrativos del planeta. La opulencia de los casinos no tiene que ver con la inversión de los empresarios detrás, sino que está cimentada en las pérdidas de los jugadores.

Personalmente, dejé de jugar cuando sentí que se me estaba yendo de las manos. Sucede algo muy perverso en la cabeza del jugador; es como si se te soltara un tornillo y no pudieras ver la realidad, solo la posibilidad remota de ganar, que vos la ves como certera. Ese mecanismo llevó a la ruina a muchísimas personas. Cuando empecé a perder bastante seguido y me di cuenta de que escondía el tema de mi familia y amigos, porque me daba vergüenza, juzgué que era mejor cortar de pleno a quedarme sin nada. Me daba cuenta de que me estaba empezando a dominar la vida, porque hasta interfería con mi trabajo y vivía pensando cuándo sería el próximo viaje de juego. Terminé comprendiendo que estaba frente a un vicio, porque lo prefería a mi vida cotidiana.

Tuve mi momento de conciencia cuando me di cuenta de que estaba perdiendo verdaderamente mucho. Cuando te metés en este ambiente y empezás a viajar por el juego, te dan líneas de crédito y es fácil seguir apostando, pero difícil pagarlas después. Hoy hace seis años que no juego más, y puedo decir que es un vicio que ya no reviste interés para mí.

La herencia de los habanos

Cuando Fidel Castro asumió el poder en 1959, mi padre viajó a Cuba como corresponsal de *Paris Match*. A su regreso, se trajo unos habanos, y fue el comienzo de su vicio. Recuerdo verlo, a mis 6 años, fumándose un Montecristo n°2 cada mañana mientras leía un libro y armaba su lista de tareas para el día.

Yo lo seguí en ese hábito a mis 30 años. Si bien jamás toqué un cigarrillo de tabaco, porque siempre lo consideré un hábito tremendamente nocivo, los habanos siempre fueron un tema en mi vida. Hoy son uno de mis grandes permitidos, y en casa tengo un humidor, una caja que los mantiene húmedos y los conserva en perfecto estado. Tengo tabaco más y menos fuerte, tengo Cohibas Behike, los originales y mejores del globo, Hoyo de Monterrey Epicure n°2 y los famosos Davidoff, cultivados por un cubano que se fue a instalar a República Dominicana y logró generar la segunda mejor marca del mundo. Aunque cabe aclarar que solo se puede hablar de habanos cuando provienen de Cuba, sino simplemente son cigarros. Tengo versiones para fumar en 20 minutos y otros para disfrutar por dos horas. Y los elijo dependiendo del momento. Los cigarros son como pequeñas obras de arte, porque cada uno se hace a mano de forma artesanal.

Mi gran pendiente es ir a Cuba, más específicamente en febrero, cuando se celebra el Festival del Habano, y hay visitas a las distintas fincas de producción, además de stands de venta y exposición de las mejores variantes del mundo.

En general, no suelo fumar solo. Me gusta invitar a amigos, servirnos una copa de cognac o whisky y convidar un habano, como un gesto social. Pero quizás un domingo lluvioso en el que no tengo gran plan puedo volver de almorzar con mis hijas y sentarme a fumar un buen habano mientras escucho algo de música. No sucede muy seguido, pero cuando pasa lo disfruto mucho.

Lo que sé que jamás podría hacer es repetir el legado de mi padre, que fumaba a la mañana, a la tarde y también a la noche. Vi de cerca lo que sufrió cuando un cáncer lo consumió a sus 72 años, incluso muchos años después de haber dejado de fumar. Fue muy triste verlo apagarse por esa enfermedad.

Hace unos años, a raíz de un dolor fuerte en el cuello, empecé a fumar un poco de marihuana. Y me hizo bien a la relajación. Dentro de las drogas, creo que es una bastante inofensiva, que puede ayudar a quitar la ansiedad y relajarse. Si estoy tranquilo, cada tanto me gusta fumarme un porrito. Lo veo similar a tomarme una copa de vino.

De vicios a placeres

Creo que sé manejar los vicios. Ni el alcohol ni los cigarros ni el juego han podido penetrar en mi persona. Siempre supe ponerles límites. Creo que ahí reside parte de mi inteligencia: por más placenteras que sean estas cuestiones, soy capaz de decir basta.

Quizás es porque no tengo una personalidad adictiva. O quizás es porque nunca dejé verdaderamente que se transformaran en vicios, sino que siempre fueron placeres. Me he demostrado a mí mismo que puedo y me fortaleció no tener miedo a experimentar y saber cuándo dominar estas pulsiones. Suena a cliché pero es cierto, lo que no te mata, te fortalece. Saber que pudiste acabar con algo poderoso te vuelve mucho más seguro de vos mismo. Mi límite siempre fue cuando la experiencia dejaba de ser placentera para pasar a dominarme.

Mis grandes placeres hoy son salir con mujeres, ir a comer rico, tomar un buen vino, fumar habanos. En casa, además del humidor tengo una cava bien nutrida, con vinos franceses, italianos y españoles, pero también californianos y varios malbec. Para mí el vino es tinto, el blanco es solo para acompañar ciertos platos, o un cosecha tardía que se toma después del postre. También tengo un bar con cognac, vodka, gin y otras bebidas espirituosas.

Sigo yendo a bailar, pero me gusta más ir en Europa que en Argentina. En Argentina voy una vez por año, y cada vez recuerdo por qué no lo frecuento. Ya estoy grande y me siento el abuelito de las discotecas entre las chicas de 25. En cambio, en Europa hay un ambiente para gente más grande que sale, y es mucho más placentero. Si me preguntan cuál es mi mejor plan hoy, prefiero ir a cenar o a un bar con buena música.

Con quienes suelo hablar mucho de la noche y sus peligros, así como de sus placeres, es con mis hijas. Me gusta contarles cuáles son los trucos para pasarla mejor, como acercarle algún billete al de la puerta para poder entrar más fácil esa vez o la siguiente (en ese caso se deben acercar cuando salen, siempre presentándose con nombre y apellido). También les expliqué la importancia de los relaciones públicas, qué poder tienen y cuál no. Y las incentivo a que se manejen lo más independientes que puedan. Que si hace falta pagar una entrada, se la paguen. No quiero que sean nunca de las que les dan un beso al patovica para poder entrar a un lugar.

A la vez, son chicas muy preparadas como para poder desenvolverse en cualquier situación. Considero que si una mujer tiene sentido común y está alerta, puede ir a cualquier lado, porque va a saber cuándo decir "hasta acá llegué", y eso es fundamental.

A Guada le encanta salir, nació con mi gen (Clara es un poco más tranquila). Y a mí me encanta que lo haga. Mientras no le influya en sus estudios y no descarrile, ¡por mí está perfecto! Como dice el dicho, *work hard and play harder*.

Capítulo 3

De linaje y religión

Mucho antes de empezar a trabajar en el negocio cinematográfico, la historia de mi familia fue digna de película.

Como conté, tanto mi madre como mi padre son descendientes de la guerra. Ambos de familia judía, escaparon de Europa con 10 años de diferencia. Mi mamá lo hizo en 1935; mi papá, en 1945. Ella desde Alemania, él desde Portugal. Pero huían del mismo horror: el nazismo y su persecución a los judíos.

La huida

Mi madre era hija de un rabino y tenía ocho hermanos. Vivía con sus padres en un pequeño pueblo de Rumania llamado Iaši, en la frontera con Moldavia. Eran tan pobres que el piso de su casa era de tierra; en invierno las temperaturas podían llegar a -20°C. Sin embargo, mi abuelo, el rabino, era muy trabajador y tenía contactos en todo el mundo. Escribía cartas a distintas partes de Europa y también a Estados Unidos y hasta a Argentina. Y en aquel momento, a mediados de la década del 30, entendía que estas dos últimas estaban entre las naciones más importantes del planeta.

Por eso, cuando empezó a notar que las reacciones contra los judíos se estaban poniendo agresivas y que un nazismo incipiente estaba avanzando en el continente, decidió que tenía que mudar a su familia. Utilizó sus conexiones y consiguió visas para Estados Unidos, pero solo para una parte de la familia. Decidió entonces mandar allí a los hijos mayores y en cambio venirse a Argentina con su mujer y los menores, en cuyo grupo estaba mi mamá, con 14 años. Y así, desde Hamburgo, Alemania, partieron dos barcos: uno a Sudamérica y otro a Nueva York. La familia quedó dividida, pero eso era preferible a morir en la guerra que mi abuelo -con mucha sabiduría- anticipaba.

Mi papá, en cambio, era hijo único. Y en 1945 estaba sentado tomando el té en el refinado hotel Fouquet's con mis abuelos, impecables con sus ropas de gala como se estilaba en aquel momento, cuando vio transitar tanques de guerra por Champs Élysées. En ese momento no lo sabía, pero los franceses habían entregado a los judíos con tal de que los alemanes no destruyeran París.

Mi padre tenía 24 años y estaba recién recibido de abogado. No pasó mucho hasta que, enfurecido por la decisión del gobierno, se unió a los grupos de la resistencia. Se trataba de pequeñas células de franceses que no estaban de acuerdo en entregar el terreno, y realizaban atentados contra los alemanes en París. Trabajaban encubiertos y en grupos reducidos.

Un día, cuando debía juntarse con uno de estos grupos, tuvo una demora y llegó 20 minutos tarde al café en el que se habían citado. Se encontró con lo peor: había explotado una bomba y todos sus compañeros habían muerto.

Conmocionado, entendió que el próximo podía ser él, y lo tomó como un aviso certero.

En ese momento decidió modificar su estrategia. Con algunas piedras preciosas que tenía su familia, propietaria de una pequeña joyería en Montecarlo, se acercó hasta la Embajada de Portugal. Las ofreció a cambio de tres pasaportes falsos con la intención de viajar a Brasil. El resto de este tesoro fue llevado de contrabando para poder sobrevivir (recordemos que la inflación durante la guerra era galopante, y solo las piedras preciosas podían asegurar el resguardo de su valor). Así fue como al poco tiempo mi padre y mis abuelos escaparon de Europa en un barco que los llevó a Sudamérica.

Pero resultó que Brasil los recibió con un calor récord y una humedad soporífera. Después de dos meses de agobio, decidieron que ese no era un lugar para ellos y se subieron a un nuevo barco en espera de poder viajar hacia el sur. Así terminaron desembarcando en Buenos Aires.

El aterrizaje

Aunque casi sin un centavo, mi abuelo materno se las ingenió muy bien en territorio porteño. Se instaló con su mujer y cinco de sus hijos (cuatro mujeres y un varón) en una casa en la calle Mario Bravo, por la zona de Almagro. Al rabino lo ayudó la religión, que le sirvió de conexión y red para moverse y vivir en un nuevo país.

A los 20 años, mi madre se enamoró perdidamente. Su novio era un farmacéutico de buena familia y, además, judío, por lo que todo estaba muy bien en los papeles. Pero cuando se lo presentó a su padre y le dijo que tenía intención de casarse, él se negó rotundamente. "Tus hermanas mayores no se casaron aún", le dijo, haciendo alusión a la tradición del judaísmo que indica que primero deben casarse las hijas de mayor edad. Mamá quedó con el corazón roto por muchos años.

Al llegar a Buenos Aires, la familia de mi padre fue capaz de comprar un departamento sobre la calle Libertad y enfrente de la Plaza Lavalle, a metros del Teatro Colón. Esto también fue posible gracias a la venta de las piedras preciosas. Los primeros años, como buen sobreviviente de guerra, papá aprovechaba todo y no gastaba en nada. Incluso esperaba que sus padres salieran para invitar chicas al departamento y no tener que pagar un hotel.

Su suerte cambió el día que vio un aviso en el diario en el que convocaban a ser corresponsal de la revista *Paris Match* en América. Se presentó a la entrevista en el Hotel Alvear, y se encontró con una larga cola de aspirantes. Pero resultó que el que abrió la puerta de la oficina era Beno, un compañero de colegio de sus días en París. Ninguno de los dos podía creer la coincidencia. Se abrazaron y en un segundo su amigo desestimó a todos los postulantes y lo eligió a él como corresponsal.

Esos años como corresponsal profundizaron su cualidad de seductor. Solía usar ese título para atraer mujeres y salir con varias a la vez. Era bastante picaflor. Hasta que una noche, en una exposición de pintura, se cruzó con mi madre.

Los caminos se unen

Mamá había asistido a ese evento porque le habían dicho que le iban a presentar a un francés millonario. Y ella, que estaba obsesionada con no volver a sufrir la pobreza extrema que vivió de chica, consideraba importante poder casarse con un hombre de buen pasar.

Papá era un tipo normal de clase media que todavía vivía con los padres, pero ganaba en euros, andaba siempre con trajecitos de seda y viajaba a París a cada rato. Para cualquiera que lo viera de afuera, parecía estar bien posicionado. Es que también era muy culto, hablaba varios idiomas y conocía mucho de arte.

Esa noche impactó a mi madre con su personalidad y su forma de hablar y manejarse. Aunque charlaron más que nada de arte y lo relacionado con la exposición en la que estaban, esa noche hubo un click. Y tres meses después fue ella quien le propuso casamiento. Ya tenía más de 30 años y sabía lo que quería. Él le contestó que estaba loca. Pero al día siguiente la llamó y le dijo que sí, que quería casarse con ella. Tenían la misma edad (aunque para el resto de la vida mi mamá mintió con coquetería indicando que era cinco años menor) y la misma religión y origen.

Sin embargo, conforme fueron llegando los hijos, decidieron criarlos con un acercamiento discreto al judaísmo. Como habían vivido el estigma del nazismo y de ser señalados por judíos, no querían que los chicos se destacaran por eso. Quisieron protegernos, y así, aunque seguimos los ritos de la religión como el bar mitzvá o las fiestas especiales (y a mis padres incluso los casó mi abuelo), estuvimos muy lejos de la observancia ortodoxa que vivió mi madre en su infancia.

De hecho, ya viviendo en Argentina, papá se tuvo que inventar el apellido Darcyl como seudónimo para esconder el suyo, Sorstayn, porque de inmediato notarían que era judío cuando firmara las notas en la revista. Así que combinó el nombre de dos amigos que habían muerto en la resistencia, Dardare y Sylvestre, y se lo cambió ante un juez, dando origen a este nombre que hoy todos sus hijos llevamos de forma oficial.

Un tiempo después, *Paris Match* hizo alianza con la revista estadounidense *Life*. En ese contexto, le contaron a mi padre que tenían films que podían interesar para distribuirse en Argentina, y le preguntaron si no quería averiguar sobre algún posible negocio. El que nació entonces fue el propio, en el que se asoció con mi madre y armaron equipo por el resto de su vida.

La leyenda familiar cuenta que papá tenía un socio, pero cuando mamá entró en escena, lo sacaron del medio. Incluso se dice que había una cama en la oficina y ella la tiró sin mucha contemplación para poner su propio escritorio.

La familia es lo primero

En la otra punta del continente, a los hermanos de mamá también les fue bien. Una de ellas terminó siendo doctora y manejando un psiquiátrico. Otro fue odontólogo. Todos estudiaron, y la mayoría fueron profesionales. Incluso, y como ya conté, mamá alrededor de sus veintipico estudió algunos meses en el Hunter College de Nueva York. Gracias a la disciplina y al rigor del estudio que siempre les inculcó mi abuelo, lograron una gran educación para sus hijos más allá de toda adversidad. Si no hubiera sido por eso, mi madre nunca hubiera sido lo que fue, y por ende mi padre tampoco hubiera llegado donde llegó.

Tampoco perdieron el contacto. Solían viajar a verlos y los de Estados Unidos incluso compraron un departamento en Punta del Este y venían en los veranos para estar todos juntos. Recuerdo haber ido a Nueva York a mis 6 años y quedarme en la casa de una de mis tías. A pesar de la distancia, siempre mantuvieron el vínculo. Este amor por la familia es también uno de mis grandes valores.

Mi papá y mi mamá me contaron muchas veces la historia de sus orígenes. Mamá incluso escribió un libro sobre su camino, *La historia de Dina*. Y yo se la cuento a mis hijas, para que el legado siga trascendiendo. Creo que de dónde venimos forma una parte importante de la psicología de cada uno. Y no tengo más que palabras de agradecimiento para mis cuatro abuelos, que fueron capaces de dejar todo e irse a otra cultura, país e idioma en pos de darles una buena vida a sus hijos. No sé si existe gesto de grandeza mayor.

La marioneta de Dios

Mi madre fue criada como ortodoxa, pero a mí me liberaron de ese peso. Aunque alguna vez fui a ver a mi abuelo en celebraciones en la sinagoga, nunca me involucraron demasiado. En casa, por ejemplo, jamás se respetaba el sabbat. Estoy contento de que haya sido así, porque siento que me hubiera limitado.

Sin embargo, esto no quiere decir que no tenga mi propia conexión con Dios y mi lado espiritual. Creo que el espíritu no tiene que ver con una religión específica, y que cada uno puede acercarse a lo divino como mejor lo sienta.

Por ejemplo, me interesa mucho la historia del pueblo judío. Fui a Israel cuando tenía 11 años y tengo pendiente retornar con mis hijas. Quiero volver con un guía que me enseñe, muestre y explique todo, me parece muy enriquecedor y profundo. También puedo ir con un amigo a la sinagoga o ponerme el tefilin para rezar. Hace poco lo hice estando de viaje en Saint Tropez y recé durante media hora, leyendo por fonética. Al terminar, sentí una energía increíble dentro mío. Pero no es algo que haga seguido, solo cuando lo siento. Todo lo que hago en mi vida es porque tengo ganas de hacerlo. Trato de seguir siempre mis instintos.

Hace unos años, tuve la oportunidad de conocer a uno de los rabinos más respetados del mundo, Daniel Bitton. Aunque nació en el norte de África, ahora vive en Israel, y hace un tiempo vino a Argentina invitado por algunas personalidades importantes. Me invitaron a conocerlo en una reunión íntima y estuve un rato charlando con él en una mesa de unas 20 personas. Cuando me levanté para irme, dijo: "Atención con este muchacho Darcyl. Creo que tiene más cercanía con Dios que todos ustedes, porque lo sirve con alegría las 24 horas y no se preocupa, sino que se ocupa, ya que sabe que las cosas están en manos de Él". Luego de esto, dejó entrever que yo era como la marioneta de Dios.

Me encantó el concepto y estoy muy de acuerdo. No creo en las instituciones ni en los rituales, pero sé que tengo una conexión directa con Dios. Y no me preocupo de antemano, porque sé que hay muchas cosas que no manejamos. La vida tiene un componente de hacer y ocuparse, pero también uno grande de aquello que ya está escrito. Si estoy cruzando la calle y pasa un auto y me atropella, seguramente me muera. Pero si hubiera pasado cinco segundos antes, no hubiera pasado nada, porque no era mi hora. Como le sucedió a mi papá en tiempos de la resistencia.

Creo mucho en la bendición de Dios. Y creo que si uno se mueve por la vida tratando de hacer las cosas de la mejor manera posible, lo bueno llega. Yo siento que fui bendecido desde el mismo momento en que me enviaron a la familia en la que nací. Por eso, no le pido nada a Dios, y en cambio sí tengo una gratitud constante. Siento que Él me da de sobra.

La vida es como un juego de póker. Cuando nacés, te reparten las cinco cartas. Las levantás y mirás. Y desde entonces, cómo juegues, en qué momento apuestes, cuándo mientas, muestres las cartas y pongas o no todo, depende de vos. Está claro que si tenés un póker de ases lo más probable es que te vaya bien, pero tampoco es 100% asegurado. Porque si no mentiste bien y el otro jugador se fue enseguida, solamente te ganaste dos fichitas. En cambio, con esa mano un buen jugador puede ganar todo el pozo.

CAPÍTULO 4

Una agenda a prueba de balas

Cuando después de recibirme vivía en Los Ángeles y trabajaba para Howard Goldfarb, tuve una reunión con un cliente que venía de la India. En ese momento y como parte del protocolo, le saqué fotocopias al contrato que estábamos firmando. En esas páginas había un nombre. Tiempo después, recordé ese nombre y lo busqué en un anuario de un festival de Cannes. Encontré el teléfono de esta persona y la llamé para invitarla a tomar algo. Y ese puente que tendí fue la clave para conseguir mi primer negocio.

La persona en cuestión era Murray Schultz, y terminé representando a su empresa, Transatlantic Pictures, en Latinoamérica. Fue el negocio que me trajo de regreso a Buenos Aires y me permitió independizarme, porque fue el primer lote de películas que compré para la empresa de mi padre. Y también fue el vínculo que me hizo comprender que a veces tener el número correcto puede cambiarte la vida.

¿Qué es exactamente el *networking*? Es nunca dejar de agrandar tu listado de contactos. Porque todos sabemos que tener una buena agenda puede ser la diferencia entre lograr o no algo. Es cierto que sin contactos alguien puede llegar también al mismo resultado, pero insumiendo mucho más tiempo y esfuerzo. Los contactos agilizan y vuelven más eficiente cualquier gestión.

Suelo decir que los dos números más importantes que hay que tener son el de un médico y el de un abogado. Ambos, a su manera, te pueden salvar la vida. Nadie está exento de necesitarlos, y siempre hay que estar preparado. De ahí para abajo, recomiendo sumar todos los otros teléfonos que puedas. Amigos, políticos, escritores, artistas, gente de negocios, lo que se te ocurra. Todo eso y mucho más está en mi agenda, que considero bastante nutrida y global.

Cuando levanté el teléfono y llamé a Murray Schultz, actué de manera bastante caradura para mi edad. Sin embargo, en Estados Unidos ese hábito era y es bastante normal. Ellos no tienen ningún tipo de barrera comunicacional, llaman a la otra persona aunque trabaje en una empresa competidora, porque no lo ven como un enemigo, sino como un colega. Con el tiempo yo también fui adquiriendo esta filosofía.

Le enseñé esto a mis hijas. Cuando empezaron a salir de noche, les conté que si querían entrar a un lugar determinado, lo más importante era conocer los números de los RRPPs. Caso contrario, es probable que se pasaran hasta dos horas en la puerta antes de poder entrar. Saber a quién llamar es clave para lograr lo que querés, y esto no aplica solo a ingresar a un boliche, sino que es una gran metáfora para la vida en general.

Un ida y vuelta

Cuando hay un evento, todo lo que está preparado y organizado de antemano seguramente ocurra. Lo que no, será difícil que suceda. La gente suele tener muchas fantasías y expectativas sobre lo que puede ocurrir en determinada salida, comida o reunión. Pero si detrás de eso no hay un trabajo y uno no mueve ciertas fichas para que las cosas pasen, no sucederán por milagro o azar. El *networking* debe estar acompañado de un plan de acción. Porque la agenda sola tampoco es suficiente si detrás no hay una estrategia. Si querés hacer un negocio y necesitás de la ayuda de alguien pero no tenés nada para ofrecerle en retribución, lo más probable es que esa persona te atienda una vez y la próxima te ignore.

El *networking* es un camino de ida y de vuelta. Podés tener el contacto de alguien para el día que lo necesites, pero también deberías estar abierto a que alguien alguna vez necesite algo de vos. Personalmente, me encanta ayudar y me hace feliz poder hacerlo. Entiendo que es hoy por ti, mañana por mí. Me han hecho todo tipo de pedidos, y siempre que puedo, me involucro. Me gusta compartir datos, conectar personas, aportar ideas. A veces hay consejos que para uno parecen muy obvios, y para otros son fundamentales y les pueden cambiar la vida. Y en esa cadena de favores se sustenta la red.

Mi decálogo para el buen *networking*

La pregunta del millón: ¿cómo hacer buen *networking*? ¿Cómo generar una agenda a prueba de balas? Hay que empezar por identificar cuáles son los lugares donde tenés que estar en base a tu trabajo. Qué cosas no podés perderte. Yo fui a todos los eventos y convenciones de televisión y de cine por muchísimos años. De la región y del mundo.

Si, por ejemplo, te dedicás a la tecnología, ¿cuáles son las exposiciones más importantes? Es fundamental conocerlas e ir no solo una vez o dos, sino tres, cuatro, cinco, hasta que te conozcan. Y una vez allí, presentarte, entregar tu tarjeta, ir a tomar café o tragos. Gente que entra y sale de lugares hay a montones; gente que permanece, no tanta. La vida es 20% de talento y 80% de persistencia. Y lo que la gente quiere, tanto en los negocios como en la vida, es a los que están y vuelven a estar, no a los que caen como paracaidistas y luego se van. Ahí es donde se genera el compromiso del *networking*, ese que te vuelve memorable, confiable y valioso. Porque las oportunidades no aparecen de la nada, sino que vienen de la gente que uno tiene alrededor.

Siempre recomiendo animarse a pedir un contacto, sea un teléfono o la cuenta de Instagram. A veces alguien tiene a la persona que podría darle la oportunidad de su vida al lado en un restaurante, aeropuerto o evento y no se anima a hablarle. La timidez es parte de los miedos y las inseguridades que todos tenemos, pero puede alejarnos de nuestros sueños. Con respeto y con una sonrisa, se le puede pedir el contacto a cualquiera. El otro día, por ejemplo, en una comida a la que me invitaron estaba el intendente de San Isidro, y pensé que sería un buen contacto para agregar a mi agenda. Así que me acerqué y se lo pedí. No sé si algún día lo voy a necesitar, pero si no lo hubiera hecho, seguro me hubiera arrepentido. No hay peor gestión que la que no se realiza.

Más que tarjetas personales, recomiendo tener un QR donde desplegar todos tus contactos. Lo podés pegar en tu celular y cuando alguien te pida tus datos, le permitís que lo escanee. Aunque si bien las tarjetas tradicionales son un poco demodé, nunca están de más. Eso sí, si las tenés, usalas. No las dejes en la billetera olvidadas, entregalas con confianza y una sonrisa.

A veces pensamos que la otra persona no estará interesada en conocernos. Pero nunca se sabe, y si no nos sacamos la duda, viviremos con ella. A mis hijas también les enseñé eso desde chicas. Y el otro día Guadalupe me contó que se había animado a acercarse a un grupo de estudiantes extranjeros en la universidad para pedirles una información que necesitaba. Y que le fue bien, porque la consiguió y además se hizo nuevos amigos. Le dije que acababa de romper una barrera importantísima. El argentino es bastante cerrado, le preocupa mucho el qué dirán. Pero esa es una mentalidad un poco pueblerina. Todos deberíamos estar conectados con todos y la información de cómo llegar al otro debería ser fácil y accesible.

Otra de mis reglas para el buen *networking* es dejar las charlas duras de negocios o de dinero para citas puntuales. Aunque creo que se puede hablar de cualquier cosa en cualquier momento, siempre y cuando se hable con respeto, me parece que no corresponde hablar de números o de cuestiones técnicas en una comida, una fiesta o un *cocktail*. En cambio, si en medio de la charla descubro que alguien tiene una punta para un negocio interesante, suelo proponer que nos juntemos en la semana a tomar un café y hablar de eso. Me gusta darle un marco específico a las cosas y en ese espacio más informal tener la oportunidad para conocerse de forma más descontracturada.

Además, a la gente puede caerle mal hablar de temas duros en ciertos contextos. Como sucede en Francia, donde está muy mal visto hablar de negocios en las fiestas. Si la persona está interesada en lo que tenés para hablar en general, lo más probable es que también lo esté más tarde en el negocio que le puedas ofrecer.

También recomiendo tener cuidado con dónde se conoce la gente. Muchos suelen recurrir a la noche para obtener algunos contactos, y es un ambiente donde es más probable cruzarse con personas tóxicas. Si bien la noche definitivamente es un conector, no es el mejor.

Hay que tener tacto y saber con quién hablar, cuándo y dónde. También, informarse sobre con quién uno está hablando. Si no, podés pasar el papelón de ofrecerle a alguien algo que ya tiene. Hay que saber cómo llamar la atención y cómo manejarse. Tener tacto es un arte que uno nunca termina de aprender, pero que debe practicarse toda la vida.

Una buena recomendación es tomar cursos. Eso te permite no solamente aprender de algo que te gusta, sino además relacionarte con gente que tiene tus mismos intereses. Incluso podés tener llegada a algún profesor que pueda abrirte ciertas puertas. Y podrías buscar clubes o instituciones de intereses comunes, que organicen eventos grupales en los que puedas ampliar tu círculo.

Otro arte vital es el de la conversación, saber cómo atraer, cuándo frenar y cuándo seguir. Conozco a mucha gente que se presenta en sociedad y cuenta siempre las mismas historias. Es como que pone *play* al cassette, porque ya tiene el verso armado. A veces les funciona bien, otras, no.

Mi estilo (y lo que recomiendo) es ser más natural y genuino. Yo soy de una forma, pienso de una forma y así me expreso. Y si no te gusta, no me voy a sentir mal, ni mi forma de ser ni mis pensamientos e historias tienen por qué gustarle a todo el mundo.

Sociable por naturaleza

Pero no todo es estrategia. Yo no siempre hago *networking* por interés, también es algo que me nace, porque soy sociable y me gusta hablar con las personas y descubrir sus historias. Como hacía mi papá, que mucho más que hablar de negocios, organizaba reuniones por el placer de charlar.

Considero que puedo hablar con cualquier persona de cualquier cosa. Cuando entablo una conversación hago muchas preguntas, a veces hasta termino pidiendo perdón porque siento que incomodo al otro, pero soy curioso y me gusta aprender. De todos modos, la verdad es que a la gente le gusta mucho hablar de sí misma y no suele dejar pasar esa oportunidad.

Por eso, cuando salgo elijo lugares donde se pueda charlar con la gente, en los que pueda sentarme en una mesa y hablar, donde la música acompañe pero no interrumpa ni dificulte la conversación. También me gusta participar en exposiciones de arte, y aunque voy por el placer de mirar las obras, muchas veces han surgido vínculos interesantes. Art Basel, en Miami, siempre es un lugar fértil para las conexiones.

Otro ámbito que funciona muy bien para el *networking* es el golf. Las largas horas de juego, con pausas, caminatas y hasta una ronda final de tragos en el hoyo 19, ofrecen muchas oportunidades para conocer a una persona en profundidad. Durante un tiempo tuve una casa en el Buenos Aires Golf y con Constancio Vigil (hijo) solíamos armar grupos muy interesantes los domingos, que en muchos casos devinieron en nuevas amistades.

Las cenas de los jueves y la fiesta del 30

Desde hace varios años, también me gusta organizar comidas en casa, en general los jueves. Es una gran forma de animar la semana. Empecé a organizarlas porque después de años de salir mucho, me cansé, y decidí armar mi propia burbuja de gente en casa.

Suelen ser entre 15 y 20 personas, y la clave es invitar figuras de los más diversos ámbitos, desde deportistas y actores a políticos, empresarios, artistas y modelos. Me importa crear un grupo ecléctico y sumar personajes que puedan darle condimento a la charla y a la noche. La base es que siempre haya cuatro o cinco amigos de confianza con los que sé que se puede hablar e intercambiar ideas, y después ir mezclando los perfiles. Por mi mesa ha pasado gente muy importante de Argentina: Mauricio Macri, Charly García y el maestro Rogelio Polesello son solo algunos de los que han sido parte.

La diversidad es lo que enriquece la charla. En general, todos son bastante respetuosos con los temas que se tocan, pero nunca estamos exentos de alguna discusión. También ha habido quien nos contó cosas antes de que salieran en los diarios. Hay noches más o menos interesantes, noches que perfilan para un lado y terminan saliendo para el otro. Y también conocí personajes a los que decidí no invitar nunca más, porque tomaron demasiado y no se portaron bien.

Una noche incluso tuve un episodio peligroso. Una chica estaba persiguiendo a un amigo mío, y él no le daba bolilla. Ella no estaba invitada, pero de todas formas vino a la cena. Al rato, y para escaparse, mi amigo se fue, pero ella se quedó. Se la veía bastante nerviosa y obsesiva, pero no me imaginé lo que iba a pasar. Por un rato largo no la vi, hasta que otra invitada vino a decirme que en el baño había visto a una chica tomarse de un saque varias pastillas de lo que parecía Rivotril. Ahí decidí enfrentar la situación: le pedí que se retirara y que por favor fuera a buscar ayuda. Una amiga, con la que había llegado, la llevó a un hospital. Temo que si no la hubieran visto, podría haber terminado con un intento de suicidio en mi casa.

Pero más allá de los eventos imprevistos, en estas comidas han surgido negocios, amistades y hasta parejas. Proveen un espacio donde vincularse, y muchas veces sumo a personas que conocí antes en otras reuniones y me cayeron bien. Eso permite un espacio tranquilo en el que poder charlar y conocer a otros, lo cual redunda en un vínculo más profundo. No todo el mundo abre las puertas de su casa, y entiendo que eso también es valioso y es una gran base para el *networking*.

De las reuniones que hice en casa logré amistades que después se convirtieron en negocios. Por ejemplo, ahora estoy desarrollando una aplicación y mi socio es un abogado que venía siempre a las cenas, hasta que un día me dijo “te conozco hace 10 años, me gusta tu manera de pensar y encarar las cosas, ¿por qué no hacemos algo juntos?”. Y es que para hacer un negocio tenés que tener confianza, afinidad y una buena relación. Algo que puede darte el buen *networking*.

Y quien dice *networking* laboral también puede apuntar al amoroso. Porque me considero muy bueno conectando gente y presentando parejas. ¡Presenté a varias que se casaron! En Punta del Este, solía hacer una fiesta el 30 de diciembre para despedir el Año Viejo. Como el 31 siempre hay varias propuestas y es complicada la convocatoria, la hacía un día antes y era un éxito rotundo. Venía mucha gente y me gustaba hacer de *match maker*, recuerdo que a Adolfo Suaya, dueño de Casa Suaya, le presenté a una chica que terminó siendo su mujer.

Hacer fiestas y reuniones en tu casa te convierte un poco en un rey, al menos por un rato, porque todos quieren estar con vos. ¿No es un marco ideal para hacer *networking*?

Capítulo 5

Un hombre de familia (con cama afuera)

Conocí a mi mujer y a la madre de mis hijas una noche de verano en Punta del Este. La vi charlando y riéndose con el pelo al viento: me impactó. Una rubia despampanante en un vestido corto de brillos, con tacos altos, muy linda, cuyo mejor accesorio era una sonrisa contagiosa. Fue un flechazo inmediato; aunque no de su parte.

Hacía poco tiempo que había fallecido mi papá, y finalmente había decidido empezar a salir en lugar de quedarme encerrado pasándola mal. Quería despejarme, y mi primera salida fue a una discoteca muy famosa de aquel momento llamada Space, un hito en Punta del Este que había abierto un amigo, el DJ Álvaro Quartino. Hacia el final de la noche, cuando se cortó la música y enfilé hacia la salida, la vi. Conocía al chico con el que estaba hablando y no era muy serio ni comprometido, así que imaginé que esa relación no duraría demasiado. Por eso, me acerqué y empecé a charlar con ellos. Su nombre era Leticia y tenía 23 años. Yo tenía 28, la diferencia perfecta.

Durante ese verano entablamos un buen vínculo, y ambos vinieron una tarde a navegar en mi barco, otra de mis grandes pasiones de verano. Pero eso fue todo.

Varios meses más tarde, ya de regreso en Buenos Aires, me la volví a cruzar. Esta vez, en la discoteca El Cielo, otro hito de la noche. Estaba en el VIP y la vi pasar por la parte de afuera, caminando rápido, y volvió a darme la misma impresión que esa primera vez: me impactó. Pero en esta ocasión estaba sola. Así que no dudé en acercarme y pedirle su teléfono, que anoté en un papelito que conseguí y me guardé en el bolsillo. Por aquellos tiempos se trataba del número de línea y fijo, por lo que implicaba hablar con su familia. Pasé un tiempo llamándola y hablando con su madre, que siempre me decía que Leticia no estaba. Hasta que una tarde resultó que sí: el chico con el que iba a salir la había colgado, y estaba libre. Aceptó mi invitación y tuvimos nuestra primera cita.

Fuimos a lo que en ese momento era el Museo Renault, en Palermo Chico, uno de los lugares más sofisticados de Buenos Aires. Pero no estábamos solos: era una salida grupal, y fuimos entre varias parejas a tomar algo y charlar. Creo que Leticia temía con lo que se iba a encontrar, y prefirió escudarse en su grupo. Pero nos sentamos uno al lado del otro. Con su cuerpo exuberante, tenía un look sexy que resaltaba su escote; hasta hoy tengo la imagen de esa noche grabada. Creo que todo Buenos Aires la codiciaba... Y aunque me la hizo difícil, parece que pasé la prueba, porque luego de esa tuvimos varias citas más. Solos.

Una de las más memorables fue una tarde de navegación. Recuerdo que habíamos salido al río, y la electricidad de nuestra conexión se sentía en el aire. Era una tarde de fin de verano y la temperatura era perfecta: 25 grados. A la hora del atardecer, cuando el cielo se puso rosa después de un día de sol hermoso, el marinero nos alcanzó una copa de champagne. Yo timoneaba y ella me acompañaba al lado con su charla. Y después de algunas miradas cómplices, finalmente llegó nuestro primer beso. Fue mágico y único. Hoy podría volver a repetir la escena en un yate 10 veces más grande y no sentiría jamás lo que sentí en aquel momento.

De la convivencia al anillo en el Hotel Alvear y la fiesta en el Plaza

Antes de Leticia no había estado mucho tiempo de novio. Las mujeres me duraban poco, a lo sumo cuatro o cinco meses. Y, sin embargo, cuando la conocí a ella no lo dudé.

Me gustaba cómo se reía, su simpatía, sus valores y la buena familia de la que venía, con un padre ingeniero y una madre docente. También le gustaban mucho los chicos, y trabajaba como profesora de inglés en el Instituto Argentina Modelo. ¿Cómo no sentir que había encontrado a la mujer perfecta?

Una vez que dejó caer sus barreras y empezamos a salir en serio, entablamos una relación muy tradicional. Hacíamos todo juntos: íbamos a bailar, a fiestas, salíamos a navegar, comíamos con su familia. Hasta tuvimos un perro juntos, El Faraón, un shar pei, y compartíamos los fines de semana con él y con parejas de amigos. También me acompañaba a mis viajes de trabajo, el Festival de Cannes fue un destino obligado por mucho tiempo. Parábamos en el hotel más exclusivo de la ciudad, Hotel Du Cap-Eden-Roc, donde también se hospedaban todas las estrellas de Hollywood. Nuestra relación era tan divertida como sana.

Y tan tradicional era que a los tres años de noviazgo decidimos convivir, y me senté a contarles a sus padres nuestro plan. En realidad, a pedirles permiso, porque Leticia no se animaba... ¡Pensaba que le iban a decir que no, que no podía irse a menos que se casara! Pero estuvieron felices y nos dieron su bendición enseguida.

Después de seis años de novios, seguimos los pasos clásicos y nos comprometimos. Le compré un anillo, le hice grabar la fecha y mi nombre (e hice lo mismo con el suyo en el mío) y reservé una mesa en La Bourgogne, en el Hotel Alvear. Eran tiempos en los que cocinaba el reconocido chef Jean Paul Bondoux. Cuando llegamos, sin que ella me viera, le entregué la caja con el anillo a los mozos, y les pedí que lo trajeran en el momento del postre. Cuando terminó la comida, llegaron con una bengala y una bandeja, y la pusieron delante de Leticia. No sé si lo esperaba o no, pero se emocionó mucho y enseguida dijo que sí, que quería ser mi mujer. El restaurante entero aplaudía.

Unos meses más tarde, nos casamos. Organizamos una fiesta en el Hotel Plaza para 400 personas. Como no nos casamos con bendición religiosa, dado que yo soy judío y ella católica, tuvimos la ceremonia del civil en este marco. Vino el juez de paz para dar un discurso y que firmáramos el libro de actas, así como nuestros testigos. El dilema fue que ella llegó ¡una hora y media tarde! Y yo, impecable en mi jaquette, la esperaba nerviosísimo entre esos 400 asistentes. Al final se abrieron las puertas y entró. Resultó que por estar charlando con su madre y emocionarse, se le había corrido el maquillaje y habían tenido que volvérselo a hacer... El virus de la impuntualidad siempre fue lo suyo.

Fue una celebración grande. Cantó mi hermana Ondine, que es cantante de jazz, y hubo un show de Los Pericos, que en ese momento eran un gran suceso. Mi mamá todavía estaba viva y recuerdo su mirada de felicidad durante toda la noche. Éramos chicos, yo tenía 34 años y ella 29, así que nuestros amigos estaban llenos de energía y ganas de bailar hasta la madrugada. Siempre nos había gustado salir juntos a divertirnos, e hicimos un festejo acorde.

Valorar la libertad

Después de casados, las cosas se aceleraron. A los nueve meses nació Guadalupe, y a los dos años, Clara. Y para los tres yo decidí irme a vivir solo. Fue el comienzo de la separación.

De pronto me di cuenta de que no me sentía cómodo. Llevaba nueve años encerrándome en una relación que no me permitía seguir desarrollando las cualidades de mi personalidad y mi vida como la había planeado, y decidí buscar mi lugar. No era un problema de Leticia ni de las chicas, sino mío. Me gusta fumar habanos, salir, tener mucha vida social, invitar gente a casa, y eso era incompatible con la vida de familia tal cual estaba planteada. Sentí que molestaba y que necesitaba recuperar mis espacios, así que me hice a un lado. Y funcionó.

Mantuvimos el vínculo cada uno en su casa, y no fue una separación sino una distancia. Vivimos varios años así, teniendo cada uno su espacio propio. Pero al cabo de tres años de esta dinámica, oficializamos el divorcio. No lo sentí como un fracaso, sino más bien como el fin de un ciclo.

Hoy entiendo que me fui a buscar libertad, algo que con el tiempo se convirtió en uno de mis valores máximos para regir mi vida. Cuando uno está casado o conviviendo, automáticamente deposita parte de su libertad en el otro. Lo entendí muy claro en perspectiva, y es un error que no quiero volver a cometer. Solo tengo buenos recuerdos del matrimonio y la relación, pero es un estilo de vida que no volvería a elegir, al menos no bajo las relaciones tradicionales del matrimonio.

No sé exactamente cuándo fue el quiebre. Creo que es un cansancio general que te va tomando y te va agotando, hasta que un día te despertás y te das cuenta de que no sos del todo feliz con esa relación. Conozco gente que lleva años así, y que aunque llegó el momento de entender lo que le pasa, le da miedo hacer algo al respecto. Teme cómo podría ser su vida, está cómoda, prefiere que todo siga igual, aunque sus días sean grises y sin emoción. Yo elegí actuar, y, tratando de respetar lo más posible a Leticia y a mis hijas, fui en busca de mi libertad y mi felicidad, aunque fuera en contra de mi zona de confort.

Un traje a medida

Pasaron 18 años desde el divorcio, y hasta el día de hoy funcionamos como una pareja y una familia. Vamos a comer los cuatro al menos dos veces por semana, viajamos juntos por el mundo, el fin de semana almorzamos en lo de los padres de Leticia, Norberto y Noemí, y compartimos los veranos en Punta del Este como si todo siguiera igual que al inicio del matrimonio, porque considero que siguen siendo mi familia. Sí, lo cuento y mucha gente no lo puede creer, sin duda el nuestro es un arreglo de pareja inusual. Pero es uno que nos funciona a ambos y hace felices a nuestras hijas.

Ella no volvió a formar pareja, y yo tampoco. No volvimos a engancharnos con nadie más. Quizás si ella conociera a alguien este formato de relación ya no sería posible y tal vez a mí me dieran celos, pero es apenas una suposición. La realidad es que así funcionamos a la perfección. Si se están preguntando cómo es nuestro vínculo, puedo decir que nos seguimos queriendo y entendiendo como lo hicimos al comienzo de nuestra relación. Y siendo sinceros, ¿cuántas parejas que están hace 15 años juntas tampoco tienen ya ningún vínculo sexual?

No sé dónde está la verdad y dónde la mentira en el mundo de las relaciones. Personalmente, creo que es un traje a medida que uno se confecciona en la vida. Cada uno busca su estabilidad emocional donde y como puede. Y aunque cueste entenderlo para algunos, yo la encontré así, de una manera sana para ambas partes.

Pienso a veces en la posibilidad de volver a formar una pareja, pero me retracto al segundo: mi libertad pesa más. Tampoco me atraen las razones que llevan a la gente común a buscar alguien con quien compartir la vida, que se sienten solas o ansiosas o necesitan compañía. Yo no estoy solo, porque tengo citas y amigos, y no necesito compañía, porque tengo una familia que veo continuamente. También tuve mascotas que me acompañaron muchísimo. No estoy de acuerdo con eso que te enseñan de chico de que sí o sí necesitás estar en pareja.

La sociedad está hecha en base a reglas, tanto de buenas costumbres como religiosas. Y todas llevan a lo mismo: te tenés que casar lo más virgen posible, con una mujer lo más virgen posible también, tener hijos y nunca más mirar para otro lado. Tu cabeza tiene que quedar encerrada en esa persona que elegiste para casarte. Para los mandatos sociales, esa es la historia ideal de vida. Y para mí es absolutamente lo opuesto.

Estoy convencido de que durante toda la vida podemos tener personas que entren y salgan de nuestro círculo íntimo, y esto no tiene por qué terminarse en el momento del casamiento. Siempre y cuando no lastimes a la otra persona, todo es válido. Porque creo que solo una de cada cien parejas que viven bajo esa estructura tradicional y supuestamente ideal funciona y es feliz.

No entiendo el punto de volver a establecerme con alguien. ¿Para qué entablar algo más serio, que incluso puede poner en riesgo mi estabilidad familiar? Una segunda administración, como suele decirse, siempre implica una consecuencia sobre la primera, no importa qué tan buena sea. Y resguardar eso es mi preocupación principal. Lo charlo a veces con Leticia, planteando la hipótesis de que ambos comencemos a salir con alguien más y esta dinámica cambie. La conclusión suelen ser risas descreídas.

Dos tipos de personas

En el medio de nuestra relación están las chicas. Y por extraño que parezca, para ellas es natural que funcionemos así. Es que no me fui de casa cuando tenían 10 años, sino cuando la más chiquita tenía seis meses. Nacieron con este concepto y esta dinámica, y aunque puede resultar extraño cuando lo comparan con las familias de sus amigos, la verdad es que terminan llevándose lo mejor de ambos mundos. Pueden disfrutar a su mamá y a su papá por separado y también juntos, nos ven felices, cada uno viviendo su vida en plenitud.

Con 19 y 21 años, además, los tiempos más turbulentos van quedando atrás. La adolescencia y la revolución de hormonas pueden confundir en este tipo de planteos, pero hoy tienen la cabeza estructurada y una fuerza emocional mucho más estable. En general, a los psicólogos no les parece recomendable exponer a los chicos a esta clase de relación, suelen decir que pueden confundirse con la posibilidad de que sus padres vuelvan a estar juntos. Yo no estaba ni estoy de acuerdo, y el tiempo me dio la razón. Les dimos estabilidad en medio de la inestabilidad, tanto emocional como económica, y eso mantuvo el barco familiar siempre a flote.

Las chicas también saben que salgo con otras mujeres. Aunque les ahorro los detalles, saben que tengo citas, que me divierto, que no estoy solo. Pero también saben que esas mujeres no son mis novias y que de ninguna manera ponen en peligro el vínculo que tengo con su madre.

Creo que en la vida no hay que cerrarse a nada, que hay que estar abierto a todo lo que pueda suceder. Y no estoy diciendo que nunca voy a volver a enamorarme ni a querer una pareja estable. Pero hasta que eso ocurra, hay un trecho enorme por recorrer. De hecho, creo que si alguna vez volviera a formar pareja del modo tradicional, sería de nuevo con Leticia. Sigo convencido de que es la mujer de mi vida.

Es cierto que un día entré a una discoteca, vi a Leticia y dije “es acá”. Pero tenía 28 años. Hoy tengo 56 y veo la vida a través de otro cristal. Conozco más a la mujer, conozco más el vínculo entre el hombre y la mujer, entiendo cuáles son las necesidades de cada uno. Y sobre todo me conozco más a mí. Entiendo que hay dos tipos de personas: quienes están hechos para el casamiento tradicional, y quienes fuimos hechos para otras formas de vida. Y cada día que me despierto feliz y absolutamente dueño de mis decisiones y acciones, reconfirmo que soy del segundo grupo.

CAPÍTULO 6

Lo que mis padres me dejaron

Cuando mi padre murió, a mis 28 años, heredé un negocio. Pero desde mucho antes, recibí una gran herencia.

No, no estoy hablando de dinero.

Mis padres, Dina y León, me dieron todo lo necesario para desarrollarme en la vida. En casa la educación académica era fundamental, por eso me enviaron al Liceo Francés y además complementaba mi inglés en Icana, el Instituto Cultural Argentino Norteamericano. Para los 16 años ya hablaba con fluidez tres idiomas. Y para cuando terminé el colegio, no dudé en irme a estudiar a Estados Unidos. "Tratá de ir a la mejor universidad y hacer la carrera que más te guste en tiempo y forma", fue el consejo de papá. Ese legado funcionó como un chip, uno que me instalaron desde chico y del que nunca fui consciente, hasta que cumplí los 21 años y me vi recibido y con toda mi vida por delante.

Crecí con esa impronta, y me parecía lo más natural del mundo. Pero hoy aprecio esa educación y esas herramientas, porque entiendo que son una ventaja competitiva. Sé que podés tener un título de Harvard y ser un idiota o no tener ninguno y ser una persona súper inteligente que se abre paso en la vida, pero empezar con buenas bases es un legado que facilita. Que te posiciona.

Mis papás estaban en lo grande, no perdían el tiempo con pequeñeces. Por supuesto que nos enseñaban modales de mesa, pero eso no era lo importante. Sus valores eran otros y mucho más centrales. Por ejemplo, la libertad. Siempre me dieron la oportunidad de hacer lo que quería, confiando en mi criterio. Por eso, a los 13 años me enviaron a esquiar solo a Suiza, aunque fui el primero de mis hermanos que pidió algo así y ni siquiera mis papás esquiaban. Me anotaron en un programa en el École des Roches y por dos años consecutivos fui durante todo febrero. Recuerdo esos viajes en avión como menor no acompañado, con las azafatas que me mimaban durante todo el trayecto, incluso sentándome en primera clase. Hoy parece natural que un chico viaje solo, pero hace 45 años era una rareza.

Esa libertad me permitió no solamente aprender a esquiar con gran estilo, también hacerme amigos de todas partes del mundo. Desde entonces, me dediqué a conocer los mejores centros de esquí, de Bariloche a Vail, Aspen, St. Moritz y Courchevel.

Cuando aprendés ciertas cosas de chico, la vida se hace más simple. Sí, se puede aprender un idioma a los 50 años, pero probablemente nunca puedas dominarlo ni hablarlo con la misma facilidad que si lo hiciste a los 5. Cuesta el doble, y es difícil que puedas llegar a esa instancia en la que pensás en esa lengua sin tener que traducir. Les agradezco a mis padres esa ventaja.

El trabajo en la sangre

Desde chico también me entrenaron para ser una máquina de trabajar. Pero eso no fue tan planeado. Es que como mamá y papá eran socios y crearon su negocio de cero juntos, en casa siempre se hablaba de trabajo. Era común que en la mesa se tocaran temas relacionados con la empresa, y que desde muy chicos mis hermanos y yo participáramos y opináramos. También recuerdo los almuerzos con papá en una parrilla cerca de su oficina, que estaba en Paraguay entre Esmeralda y Maipú, en pleno centro porteño. Nos sentábamos a comer una tira de asado y me contaba de su día. Atesoro las tardes y los cafés en la mítica confitería Florida Garden, un ícono porteño en Florida y Paraguay.

Cuando años más tarde volví a Argentina y empecé a trabajar en la compañía, este ejercicio me sirvió muchísimo, porque tenía la cabeza adaptada a unos padres que hacían negocios. Aunque en los primeros tiempos también fui educado como oyente: me hacían ir a la oficina y sentarme por horas y horas a escuchar y ver lo que sucedía. Veía desfilar a todos los ejecutivos de la empresa, gerentes, abogados, contadores, y aprendí a observar cómo ellos se manejaban e interactuaban en estas relaciones.

Como conté antes, en ese regreso tuve un shock cultural. Después de mucho tiempo viviendo en Estados Unidos, sentí que los argentinos éramos mucho más lentos para trabajar, menos ágiles para tomar decisiones y accionar. Como más provincianos. No tenía paciencia -aún creo que no la terminé de cultivar-, y mi padre me dijo una de sus frases de cabecera: "*patience is a great virtue; shorter patience, even greater virtue*" (la paciencia es una gran virtud; la paciencia más corta, una virtud aún mayor). Lo que quería decir es que a veces hay que tener paciencia, y a veces no. Es un arte de la vida el saber cuándo acelerar y cuándo frenar. Y vale para todo, desde los negocios a los hijos, los amigos y la pareja. Siempre hay que saber cuándo dejar pasar y cuándo no.

Mi mamá lo ponía en estos términos: "yo me hago la tonta con relación a muchas cosas, y con eso me va bárbaro". Se refería a elegir muy bien qué batallas tomar y cuáles no. Creo que hay una gran sabiduría detrás de eso, porque si uno confronta absolutamente todo, no puede vivir.

Como jefe, mi padre fue memorable. Me enseñó, me guió y me acompañó. Y me demostró que en todo negocio siempre hay posibilidad de pasarla bien. Él era muy intelectual, y cuando encaraba una charla, antes de tocar el tema puntual hablaba de otras cosas. Disfrutaba la conversación y el encuentro, no lo hacía por estrategia o por endulzar a la otra persona, era lo que le salía. Creo que en el fondo se aburría haciendo negocios, entonces buscaba nutrirse de conversaciones que eran más interesantes para su cabeza.

Opuestos perfectos

Los opuestos se complementan, esa fue otra lección. Así lo vi en cómo interactuaban: mi padre, abogado de la Escuela de Derecho de París, que hablaba siete idiomas, leía un libro por semana y era periodista de *Paris Match*; con mi madre, que había ido al Hunter College en Nueva York, un colegio sin tanto vuelo académico, y que sin embargo hacía cursos y se instruía en lo que podía y le interesaba.

Desde esa distancia, entablaron una relación de pura confianza. Aunque papá era machista -como lo era todo hombre en esa época-, mamá era quien manejaba el dinero. Si él necesitaba, le decía "Dina, preciso mil dólares", y ella abría la cartera y se los daba. Era la gran administradora.

Es que habían empezado juntos, recorriendo el camino de su negocio a la par desde el inicio, y eso les dio una sociedad mucho más allá de los papeles o la formalidad. No eran solo socios, eran las personas que más conocían a la otra en el mundo. Trabajaron y lucharon juntos por su emprendimiento, y eso les dio una unión que los sostuvo toda la vida.

Su vínculo era prioridad. Si mi padre tenía que romper un negocio porque alguien le había contestado mal a mi madre, no lo dudaba. Creo que perdió mucho dinero por eso. Cuando alguien te debe, la mejor manera de lograr cobrar siempre es endulzándolo y evitando el conflicto, pero si mi mamá estaba en el medio, no importaban las consecuencias monetarias. Ante todo, era un caballero. Y por eso, ambos elegían con quién relacionarse a partir del trato y el respeto, no solamente en lo social, sino sobre todo en lo laboral.

Creo que uno de los grandes secretos de su amor fue esa complementariedad. El romance perdura a través de los años cuando ambos pueden aportar de igual forma a la relación. Personalmente, nunca conocí a una mujer que me aporte de la misma forma que yo le aporté a ella, al menos en el paso del tiempo. En alguna época la madre de mis hijas me aportó mucho a nivel espiritual y de compañía, pero era más chico, y conforme fui creciendo me hice autosuficiente también en ese ámbito. Mis padres crecieron juntos, se hicieron juntos, y sostuvieron su admiración en cada etapa de la vida.

La familia extendida

Yo tuve dos papás y dos mamás. Además de Dina y León, fui hijo de Silvia y Rubén. Ellos eran la niñera y el chofer, quienes nos cuidaban cuando mis padres viajaban. Y eso pasaba mucho, podían llegar a quedarse un mes en Asia sin ningún problema. Pero lo hacían tranquilos, porque sabían que nos dejaban en buenas manos.

Silvia y Rubén eran personas maravillosas. Nos querían mucho a mis hermanos y a mí y compartían los valores de amabilidad, educación y honestidad de mis padres. Pero no solo eso, en aquellos meses juntos (que a veces podían condensarse en medio año entero) también nos inculcaban los propios. Eran personas más modestas, de un origen mucho más humilde, y esa también fue una enseñanza.

Rubén era de Bahía Blanca, y Silvia, de Santiago del Estero. Se conocieron en mi casa y, aunque no se casaron, funcionaron como pareja desde entonces. Con nosotros eran bastante indulgentes, yo era el malcriado que llegaba del colegio con ocho compañeros y gritaba desde la puerta "Silvia, ¡llegué con amigos, Coca Cola para todos!", y ella se reía y venía enseguida con la bandeja gigante. Cada vez que mis padres viajaban y quedaba a su cuidado, me sentía el hijo de un rey. Es que ellos no tuvieron hijos, y creo que nos sintieron (y malcriaron) de esa forma.

Después de 30 años de servicio, mi madre los ayudó a comprar un departamento en Barrio Norte, donde hoy aún vive Silvia, que está cerca de los 90 años. Solemos hablar en las fechas de cumpleaños y compartir algunos recuerdos. A veces pienso que ver de cerca la humildad y las carencias que puede tener la vida también me influyó mucho. Y a la vez, mi madre, que sufrió la pobreza extrema en su infancia, supo inculcarme la importancia de lo material para llevar una buena vida y poder desarrollar todo tu potencial. Está claro que en algún lado de mi psiquis todos estos componentes se imprimieron.

Me animo a decir que era el preferido de mi mamá, seguramente por ser el más chico. Pero para ambos, la unión familiar era la base de todo. Por eso, cuando estaban acá, todo funcionaba alrededor de nuestra casa. Era el nexo donde venían nuestros tíos y primos; mamá solía ayudar mucho a sus hermanas. Aquí nuevamente entraba el contraste: mientras papá era hijo único, mamá tenía ocho hermanos, dado que era la hija de un rabino. Él se acostumbró a ser generoso con toda esa familia extendida y juntos abrazaron un concepto de "casa abierta", del mismo modo que me gusta tener hoy a mí. Siempre hay lugar para recibir amigos y familia.

Lo que elegí continuar (y lo que no)

Hoy soy padre de dos hijas, y puedo verme reflejado en algunas de las decisiones que tomaron mis papás. Repetí y repito muchas de sus enseñanzas. Mis hijas hablan tres idiomas, van a un colegio y a una universidad de excelencia, juegan al tenis, esquían y le dan importancia a los deportes. Soy abierto con ellas, y les cuento de mi vida y de mi trabajo, me gusta incluirlas en lo que hago y que me conozcan también como persona, además de como padre. Porque aprendí, con el ejemplo y con mi propia paternidad, que los chicos no aprenden tanto por lo que uno dice, sino por lo que hace.

También entendí lo que no quiero: mientras mis padres me cumplían todos mis caprichos cada vez que volvían de un viaje, trayéndome la lista entera de mis demandas porque se sentían culpables por tanta ausencia, a mis hijas todavía no les compré el auto que me regalaron a mí cuando estaba en la universidad, porque no siento que lo necesiten. Y porque mantengo con ellas una presencia que no necesita llenar ningún vacío.

Crié hijas que no son materialistas. Que no son enfermas de las marcas, como yo sí lo fui en algún momento de mi vida. Que son educadas y tienen todo lo que necesitan, pero no caen en los excesos ni en la ostentación. Que heredaron los mejores valores de sus abuelos, y también los aprendizajes de su padre en el proceso. Que recibieron amor y buenos principios en partes iguales.

Mis padres estuvieron juntos hasta el final. Ocho años después de la muerte de mi padre, mamá falleció de tristeza. Haber visto esa entrega y esa unión hasta el último día fue lo más tierno que me pasó en la vida. Fueron socios en la vida y en el amor, una de esas parejas que existen muy cada tanto. Fue un privilegio ser testigo de algo así.

Capítulo 7

¿Mi propósito? Solucionar problemas

Hay dos tipos de personas: las que generan problemas y las que los solucionan. Yo me siento parte del último grupo.

Creo que a los problemas no hay que ir a buscarlos; vienen solos. Indefectiblemente alguno llega, por eso lo importante es tratar de mantenerse alejado de ellos lo más posible. Creo que allí reside la astucia de la vida: en avanzar y hacerse experto en evitar los problemas. Pero también, en saber cómo solucionarlos cuando finalmente se presentan.

Por suerte, nunca fui una persona con grandes conflictos. O al menos, no graves. Pero sí fui, desde chico, alguien capaz de encontrar soluciones. Alguien que, cuando otro está en una situación difícil o de la que no sabe cómo salir, se involucra. No me da lo mismo, y si siento que puedo ayudar, lo hago. A lo largo de la vida, esto me llevó a vivir una serie de sucesos memorables.

De guardaparques a becado en Princeton

Tenía 19 años y estaba de regreso en Buenos Aires por unas vacaciones de la facultad. Y mientras esperaba un colectivo en Santa Fe y Oro, me encontré de casualidad con Alejandro, un amigo del Liceo Francés con el que había compartido todo el secundario. Empezamos a charlar y le conté que había terminado mi primer año en una universidad de Estados Unidos. Él me contó, en cambio, que tenía ganas de irse al sur a estudiar para ser guardaparque. Me pareció descabellado. Si bien entiendo que hay gente que nació con ese espíritu, estábamos hablando de un chico que tenía un bachillerato francés, mucha habilidad para las matemáticas y la posibilidad de aplicar para estudiar donde quisiera. Sentía que era un desperdicio.

Le pregunté si no tenía ganas de seguir estudiando algo más formal, y me contestó que su padre no tenía mucho dinero. Le dije que siempre podía pedir una beca. Y enseguida me iluminé: le propuse ayudarlo para aplicar a Brandeis. Al principio dudó, pero antes de bajarse del colectivo me escribió la dirección de su casa en un papel.

Algunas semanas después, volví a la facultad. Me presenté en el sector de *Admisiones* y logré que le enviaran el paquete de aplicación por correo. Luego de completar los papeles, debía presentarse a los exámenes de ingreso. Lo dudó, pero finalmente lo hizo, y fue una suerte, porque marcó altísimo, sobre todo en el SAT (Scholastic Aptitude Test), dado que tenía una gran base desde el colegio.

Seis meses más tarde lo tenía de *roommate* en Boston. Compartimos por un tiempo una habitación diminuta con dos camitas y dos escritorios. Como siempre pensé, fue un estudiante súper dedicado, al punto de que cuando terminó su carrera en Brandeis le dieron una beca para seguir estudiando en Princeton.

Supe que al tiempo conoció a una norteamericana, se puso de novio y se casaron. También que hizo un doctorado y que comenzó a dar clases en la universidad. Hoy no tenemos un vínculo muy fuerte, pero cada tanto sé de su vida y él de la mía. Lo que voy a recordar por siempre es cómo esa primera influencia en alguien, siendo tan joven, me marcó. Me dio la pauta de que se puede ayudar a que los otros cambien su destino.

Soldado que huye sirve para otra guerra

En mis años de universidad también tuve una experiencia reveladora con otro amigo del colegio: Marcelo. Él estaba viviendo en Israel por aquel entonces. Un día me llamó y me dijo que necesitaba mi ayuda urgente: estaba convencido de que lo iban a matar. Preocupado y sin entender mucho, le pregunté a qué se refería. Me explicó que se había anotado en el ejército pensando en ser piloto de avión o paracaidista, pero nunca se dio cuenta de la posibilidad de que enseguida lo llamaran al frente, incluso antes de estudiar. Lo más probable era que lo convocaran en las próximas semanas. ¿La única forma de esquivar ese destino? Irse del país.

Sabiendo que yo estaba en Boston, Marcelo me había llamado para pedirme ayuda económica para poder viajar. En 1987 no existían las transferencias electrónicas ni nada similar, pero sí acababa de aparecer la tecnología de Western Union. Así que me acerqué a una sucursal y le hice un giro de dinero.

Llegó a Boston los últimos días de diciembre, justo cuando me estaba por ir a pasar las fiestas y los primeros días de enero a Punta del Este con mi familia. Como la universidad estaba en Waltham, a 30 kilómetros de la ciudad, nos encontramos primero en Boston, en un restaurante en la esquina de la casa de mi hermana, que estaba haciendo la escuela de leyes. Comimos los tres juntos, y mientras charlábamos sobre los siguientes meses y qué podría hacer de su futuro -sobre todo teniendo en cuenta que estaba por irme y era la única persona que conocía ahí-, se me ocurrió convocar al dueño del restaurante. Era un señor típicamente norteamericano, muy práctico y directo, sin pelos en la lengua, y le dije "yo a usted no lo conozco, pero esta persona que le voy a recomendar no lo va a defraudar nunca. Es de gran confianza y tiene sentido de la responsabilidad. Si tiene algo de trabajo para darle, sería fantástico". Nos miró a los tres, miró a Marcelo y contestó "si quiere, puede empezar lavando platos mañana".

Al día siguiente, Marcelo era el bachero del lugar. E hizo honor a mi promesa, porque fue muy constante en su trabajo. Aunque casi no hablaba una palabra de inglés, fue comunicándose a su forma y abriéndose camino de a poco. A tal punto, que el dueño de este restaurante terminó ofreciéndole un lugar para vivir en su casa mientras trabajara para él.

Marcelo se quedó dos años en Boston, llegando a ser incluso manager de un TGI Friday's. Hasta que, cuando yo sentí que mi ciclo estaba cumplido en esa ciudad y universidad, y decidí irme a Miami, le pregunté si quería acompañarme. Y no dudó en decir "vamos".

Manejamos juntos los 2398 kilómetros que separan ambas ciudades, y fue un *roadtrip* para el recuerdo. Cuando llegamos, yo había alquilado un departamento en Coconut Grove con dos habitaciones, y le presté una. El plan era que consiguiera trabajo y pudiera aportar al mantenimiento de la casa.

Ahí empezaron los dilemas. Pasaban las semanas y no había caso, Marcelo no conseguía nada. En un momento, empecé a sentir que ya no estaba buscando. Que pasaba sus días en el departamento, comiendo la comida que yo compraba, sin hacer demasiado esfuerzo. Así que, en plan de solucionar lo que veía como un problema, lo confronté. Insistió en que estaba buscando trabajo pero que el panorama era difícil, y le di un tiempo más. Hasta que un día tomé la decisión drástica de pedirle que se fuera. Sentía que era la única forma de ayudarlo. "Esa presión es la única forma de que de verdad sientas la necesidad de buscar trabajo", le dije. Me contestó que no tenía adónde ir, pero me puse firme.

Terminó yéndose a vivir al aeropuerto de Miami, y a los tres días consiguió trabajo. Se enojó mucho conmigo, pero sigo pensando que la necesidad fue el empuje que precisaba. Las personas suelen enojarse por lo que uno no hace, y no ponen en la balanza la película entera de todo lo que les diste, sino la foto actual de eso que quieren y no les das. Es una reacción muy típica y muy humana.

Muchos años después nos volvimos a cruzar. Ya viviendo en Buenos Aires, lo contraté por un tiempo en mi empresa, trabajando como administrativo. Pero no funcionó. Supe luego que terminó volviéndose a vivir a Israel, donde formó una familia y tuvo un hijo. Hace años que no sé de él, quizás al leer este libro me vuelva a contactar.

Una voz en el teléfono

Cuando trabajaba en la industria de cine y televisión, un día vino a verme a la oficina Damián Szifrón. Hoy reconocido director y guionista, en ese momento tenía en sus manos lo que era el germen de *Los Simuladores*. Nos reunimos porque nos había presentado un amigo en común, y porque siempre fui una persona abierta a reuniones con todo tipo de personas y proyectos.

Llegó a mi oficina con un DVD en el que tenía el *trailer* de la serie. Me alcanzaron esos pocos minutos para entender que iba a ser maravillosa. Le dije que tenía una gran creación entre manos, y le pregunté qué pensaba hacer con eso. Me contó que estaban negociando con Telefé, pero sentía que estaban dando muchas vueltas. Así que le propuse que si para la semana siguiente no cerraba contrato, me llamara: yo quería producir su serie.

A la semana me llamó, pero no fueron grandes noticias. "Lamentablemente para vos y afortunadamente para mí, cerramos con Telefé", fueron sus palabras. Me pareció positivo para su proyecto, pero me permití un consejo: "Tené cuidado con los contratos con las grandes empresas, porque muchas veces tienden trampas. Mantenete atento". Agradeció y cortamos el teléfono.

El contrato se firmó y la serie se hizo. Fue el éxito rotundo que se merecía.

Un año más tarde, volvió a llamarme. Me contó que se había acordado de mí en ese tiempo, porque aunque el programa había sido un suceso nacional para Telefé, él y los actores y productores habían ganado poco y nada. Al propio Damián apenas le había alcanzado para comprarse un auto con esas ganancias. Así que le retruqué que era momento de juntarnos y pensar otro proyecto, uno que pudiera ser beneficioso para ambos.

Esa reunión llegó al poco tiempo, y lo que nació de ella fue *Hermanos y detectives*, una miniserie con Rodrigo Noya, Rodrigo de la Serna y María Marull. Un proyecto en el que efectivamente ganamos todos: incluso fuimos galardonados con el Martín Fierro de Oro al año siguiente, en 2006. Para los que quieran verla, la serie está disponible entera en Amazon Prime.

Seguimos en contacto con Damián por bastante tiempo, hasta que me separé de mi hermano y dejé la compañía. Si algo reafirmé con este evento es que las cosas en la vida se hacen levantando teléfonos, hablando con la gente y tomando acción. Las personas a veces no entienden eso. Creen que las cosas ocurren simplemente porque uno tiene una empresa. No: las personas de las empresas hacen que las cosas ocurran dentro de las empresas. Por supuesto que si sos Google vas a tener muchas más propuestas que si sos alguien recién recibido, pero la acción es lo que te lleva al éxito. Y también, claro, elegir los socios adecuados para cada proyecto.

El contador tramposo

Cuando uno trabaja en una gran empresa, nunca está exento de las estafas y los manejos turbios. Pero puedo jactarme de tener un olfato especial para detectarlos.

A principios de los 90, trabajamos con un contador que se ocupaba de pagar los distintos impuestos. Y había uno particular que debía pagarse en provincia de Buenos Aires

(Rentas). Eran tiempos en los que todavía no existían los pagos electrónicos ni las cuentas estaban sistematizadas, por lo que él debía acercarse al banco y hacer el depósito cada mes. Pagaba en efectivo por ventanilla y le ponían un sello en el papel.

Por esas cosas de la intuición, un día decidí pedir un certificado de libre deuda sobre este impuesto. Y para mi sorpresa, nos encontramos con un agujero millonario. En la empresa nos agarrábamos la cabeza pensando de dónde podría salir, hasta que una de las contadoras más nuevas que había ingresado se acercó a mi oficina y me marcó una de las constancias del impuesto. "Fijate, me parece que acá le falta un cero", me indicó. Y era cierto.

Descubrimos entonces que lo que este señor hacía era ir todos los meses con el dinero a la ventanilla, pero, en vez de depositar el monto exacto, depositaba uno con un cero menos. Si por ejemplo tenía que depositar 1.000.000, depositaba 100.000. Se quedaba con el resto y luego caligráficamente agregaba un cero más al lado del sello que le ponían. ¡Y llevaba cerca de un año perpetrando esta estafa!

Me quedé shockeado. Primero, por el hecho de que alguien pudiera hacer algo así. Y luego, por la manera ingeniosa y a la vez descarada en la que lo había hecho, y cómo todo se había descubierto casi por casualidad. Aunque lo cierto es que las mentiras, más tarde o más temprano, siempre salen a la luz.

¿Qué hice? Contraté a un abogado penalista para que pidiera una pericia caligráfica de este empleado. Y cuando se la hicimos y dio positiva, porque en efecto eran sus números en los sellos, lo pudimos inculpar. Pero antes de seguir con el proceso penal, me senté con él y le di la oportunidad de que devolviera el dinero en cuotas. Me pareció que la empresa podría ganar mucho más con ese desenlace que enviando al hombre a la cárcel. ¡Y lo hizo! Devolvió el dinero, mes a mes, y pudimos salir de ese problema de forma airosa.

La persona indicada

En cuestiones de salud, mi manera de resolver problemas es conectar necesidades con expertos.

Así puedo decir con orgullo que lo hice para mi amiga Mariana, de quien supe hace un tiempo que estaba internada en el Sanatorio de la Trinidad. Tenía un cuadro extraño, estaba hacía tres días y no lograban descifrar qué padecía, pero cada vez estaba peor, con análisis que le daban pésimo.

Cuando supe esto, decidí llamar a mi médico de cabecera, el doctor Jorge Lantos. Suelo recomendarlo cuando alguien tiene un problema de salud grave. Es una absoluta eminencia, con muchísima trayectoria. Fue director médico de Swiss Medical Group y hoy lo es del Sanatorio de los Arcos. Es de esos profesionales que jamás dejan de capacitarse, un gran sabio, además de ser el médico de las personas más importante del país.

Los puse en contacto y Jorge la visitó. Estudió su caso y se dio cuenta de algo que nadie antes había notado: Mariana tenía agua en los pulmones. De inmediato le revirtieron la medicación que estaba tomando y le dieron algo acorde, y a los dos días estaba fuera de peligro. Fue un cambio rotundo.

Cuando le dieron el alta, me citó en su casa de Barrio Parque, donde tiene un vestidor enorme en el que guarda lo que para ella son sus grandes tesoros: una cantidad de carteras de las marcas más exclusivas. Me abrió las puertas de ese espacio y me dijo "elegí una para Leticia". Fue su agradecimiento de corazón, así que no me pude negar. Leticia estuvo feliz.

Capítulo 8

Así me cuido

Desde chico, el deporte estuvo en mi ADN y fue un pilar fundamental de mi vida. Es que para vivir al ritmo que vivo y tener los programas y aventuras que me gusta tener, es preciso estar en buen estado.

A los 12 años, empecé haciendo judo. Lo practicaba en el colegio y llegué a competir a nivel nacional, convirtiéndome en el tercer mejor judoca de Argentina en mi categoría. Esta pasión me duró hasta los 17. Fueron años súper interesantes, pero fui quedando más bajo que mis competidores, y en el judo es fundamental quién te toma primero. Si el otro llega a vos pero vos no a él, estás en problemas.

Como conté, también hice esquí desde muy chico y jugaba al tenis todos mis veranos en el Cantegril de Punta del Este y durante el año en el club GEBA. A los 17 años descubrí el esquí acuático en el río y pasó a ser otro de mis deportes preferidos. Me pasaba los fines de semana haciendo todo tipo de actividades.

Cuando me fui a estudiar a Estados Unidos, en Boston me sumé al club de rugby de Brandeis con un amigo, Diego.

Teníamos un *coach* (un estudiante graduado) que nos guiaba y entrenaba y comenzamos a jugar con diferentes clubes de otras universidades de la zona . Me encantó. Me gustó el espíritu de equipo y la dinámica. Jugaba de *win,* era el último a la derecha y el que más corría. El orgullo que me daba llegar a taclear a los monstruos de espaldas gigantescas era enorme... Esa etapa duró hasta mis 20 años.

Cuando me mudé a Miami, abandoné por un tiempo largo el deporte. Empecé a trabajar y también a salir. Trabajaba 10 horas por día y salía de miércoles a domingo, no me perdía ni un solo programa. Lo único que hacía por mi cuerpo en ese momento era darme masajes. Como estaba permanentemente agotado, dado el ritmo de vida que tenía, cada lunes me reseteaba en un spa. Ese estilo de vida y esa distancia con la actividad física me duró casi una década.

Cuando a los 28 años conocí a Leticia y nos pusimos de novios, volví a recuperar de a poco el entrenamiento. Salíamos mucho a navegar y andaba en moto de agua, en una época en la que todavía no se usaban tanto las tablas, sino que ibas parado en la moto y era un buen esfuerzo. También me gustaba nadar en el río.

De lesiones y adicciones

Más tarde, me compré una casa en Puerto Panal, Zárate, y decidí comenzar a jugar al polo. Un tiempo antes, me había acercado al Club Alemán de Equitación y había contratado a un profesor para que me enseñara a montar bien. Aunque había andado de chico en Punta del Este, precisaba aprenderlo de forma más profesional para poder taquear. Di con un profesional muy bueno con el que tomé clases una vez por semana durante algunos meses. Luego, empecé a jugar en Pilar con caballos alquilados en el campo de un amigo, integrante de una familia muy reconocida en el mundo del polo. En esa época llegué a compartir equipo con Huberto Roviralta, quien estaba recientemente separado de Susana Giménez después del escándalo del cenicero. Resultó un tipo muy agradable y luego un vecino en Carmelo. Siempre fue generoso y me prestó sus caballos.

Por esos días tuve mi primer accidente. Me tiraron un pase, fui muy entusiasmado a tomarlo pero había un alambrado, y el caballo frenó de golpe. Salí eyectado y caí golpeando con un pie en el suelo. Por suerte, solo fue un esguince. El problema era que al día siguiente tenía que subirme a un avión para ir a Francia al MIPTV. No me importó demasiado: me tomé dos pastillas y volé. Una vez en la convención, contraté una silla de ruedas y un asistente para que me llevara. Increíblemente, fue una de las veces que mejor me fue; todos querían acercarse a ver qué me había pasado y con esa excusa podíamos comenzar la charla. La gente estaba mucho más simpática y abierta a dialogar.

Años más tarde, descubriría que eso solo fue un pequeño rasguño. Jugando al polo con mis vecinos en Puerto Panal, me caí del caballo en una jugada tonta. El animal no me pasó por encima ni tuve un golpe demasiado fuerte en el momento, pero esa noche, cuando me estaba acostando, sentí de pronto como si me estuvieran clavando un cuchillo en la nuca. Un dolor agudo y muy fuerte.

Me mandaron de inmediato a hacer estudios, y detectaron que el disco que está ubicado entre la cuarta y quinta vértebra había cedido por tanto peso. Es que la caída de ese día no había sido la única, sino que era parte de una sumatoria de golpes que se van dando al practicar este y otros deportes. De hecho, hacía un tiempo me había caído de la moto en el campo. Como resultado de todo esto, tenía una hernia de disco en el cuello.

Cuando esto sucede, no hay mucha más solución que sacar ese disco. En aquel momento no existía la opción de reemplazarlo por uno artificial, como se hace hoy. En cambio, me sacaron un huesito de la cadera, rellenaron mi disco con él, me lo volvieron a poner y fusionaron las dos vértebras con cuatro tornillos. Lo que se dice una operación mayor.

Tanto, que lo peor no fue la cirugía, sino lo que vino después. Por tres meses, tuve que dormir, comer y vivir mi vida entera con un cuello ortopédico que abarcaba hasta el pecho, en reposo total. Solamente podía quitármelo para bañarme, algo que tenía que hacer con mucho cuidado. Al hacerlo tenía la horrible sensación de que la cabeza me quedaba suelta, como si se me fuera a caer del cuello. Al ponérmelo de nuevo, volvía a sentir un dolor muy fuerte. Me costaba muchísimo dormir.

Para ayudarme, los médicos me recetaron calmantes. De esa manera, empezó un recorrido por todo tipo de drogas: tomé Alplax, Rivotril, Valium, y la lista sigue. Me volví completamente adicto, porque era lo único que me permitía adormecer el dolor. Los seguí tomando incluso después de que me cambiaran el cuello por uno mucho más chico, permitiéndome volver de a poco a la vida normal. Los seguí tomando hasta un año después del accidente y la operación. Hasta que me di cuenta de que estaba metido en un problema y decidí hablar con una neuropsiquiatra.

Ella tomó las riendas del asunto y empezó a ajustarme las medidas de las drogas. Pero, en mi afán de dejarlas, sentí que no íbamos lo suficientemente rápido y un día dije “no tomo nada más, esto es veneno”. No le avisé a nadie y me encerré en mi casa por los siguientes tres días, durante los cuales temblé sin parar. Esos días en mi casa me sirvieron para reflexionar sobre mi accionar al practicar deportes extremos. Había puesto en jaque mi vida por andar a caballo y en moto... Comprendí, chocándome contra la pared dura de la vida, que debía modificar varios hábitos.

Hoy, en vez de jugar al polo, ando tranquilo a caballo, y en vez de andar en moto, voy paseando en cuatriciclo, más seguro gracias a sus cuatro ruedas. También me di cuenta de que había vuelto a nacer y de que la vida me había dado otra oportunidad. Fue en ese momento cuando empecé el real cambio interno. Todo comenzó a tener más valor, hasta lo más básico. A veces la vida te juega duro y eso uno lo aprovecha para mejorar, crecer y madurar. Fue desesperante, pero al cabo de esos días de abstinencia, me sentí liberado. Cuando se lo conté a la médica, no lo podía creer. Estaba preocupada, porque este tipo de adicciones deben manejarse con mucho cuidado para no producir recaídas, pero sigo pensando que mi modo fue la mejor forma de hacerlo. De raíz y sin mirar atrás.

Mi mejor inversión

Sigo manteniendo la asiduidad e intensidad de entrenamiento. Los lunes, martes y miércoles tengo un entrenador personal, Daniel Tangona, con el que hago rutinas y ejercicios de pesas en el gimnasio del Four Seasons, muy cerca de casa. Trabajamos mucho la musculatura, porque queremos fortalecer la columna. También nos enfocamos en las piernas. A mi edad, los músculos se van achicando, así que el esfuerzo está en mantenerlos.

Los jueves juego al tenis en el Racket Club, tomando clases con un profesor con el que también aprenden mis hijas. Y los viernes suelo salir a jugar al golf con algunos amigos.

También sigo yendo una vez por semana al kinesiólogo, porque todas mis tensiones y estrés se acumulan en el cuello y la espalda, y me provee un *service* semanal muy necesario. Y semanalmente me hago un masaje profundo con el que considero que es el mejor masajista del país. Desde chico tuve la cultura del masaje y lo experimenté en todas partes del mundo. Siempre que llego de un vuelo largo tengo un masajista esperándome, porque es una práctica que ayuda a recuperar el físico, es un gran aliado contra el *jet lag*.

La mejor masajista que tuve en mi vida la contraté en Londres. Era una señora graduada de la Universidad de Masajes en China, considerada una de las mejores del planeta. Su estilo oriental de hacer los masajes en el piso con una almohada y subiéndose a mi cuerpo me generaban un placer y una relajación que pocas veces sentí con un masajista. Era una sensación de relax completo, como si me hubiera desconectado de este mundo por unos minutos.

Le dedico muchas horas semanales al cuidado de mi cuerpo. Y no es una sola práctica, sino algo integral. Eso también ayuda a que no me aburra de lo que hago. Tal vez lo más difícil sea la parte de fuerza, y por eso cuento con mi entrenador, quien me empuja y motiva. Tengo el compromiso de que me está esperando, y una vez que estoy en el gimnasio, todo se hace más llevadero con la charla compartida. Los deportes, en cambio, me entusiasman todos. El día que alguno no me dé más placer, buscaré otro. Eso sí, nunca voy a dejar de moverme.

En ese sentido, el golf es una actividad que empecé después de los 35 años, y que hoy me tiene fascinado. Comencé cuando tenía una casa en el barrio Buenos Aires Golf, en Bella Vista, y Constancio Vigil hijo armaba todos los domingos una o dos líneas de empresarios para salir a jugar. También jugué en distintas canchas del mundo, desde Montecarlo y España a Inglaterra, Francia y Estados Unidos. En esta etapa de mi vida trato de tomar una hora de clase semanal en el *driving* y luego salir a jugar el fin de semana con amigos. Mis canchas recurrentes de este tiempo son el Jockey Club, Pilará y Buenos Aires Golf, aunque siempre me encanta conocer nuevas.

Lo que más me gusta de este deporte es que funciona como una meditación activa. Cuando lo practico, apago el teléfono y me abstraigo del mundo durante varias horas. Solo estoy concentrado en el pastito, el palo, la distancia, los árboles, el *green*. No medito, pero sin duda es como si lo hiciera.

Otros cuidados

Mantenerme activo es una parte muy importante de mi bienestar. Pero no es la única. Tengo algunos otros pilares.

Uno es dormir religiosamente ocho horas por noche. Es uno de mis consejos esenciales para no enfermarse, ya que el sueño es una enorme fuente de recuperación para el sistema inmunológico. Tengo la suerte de apoyar la cabeza en la almohada y dormirme de inmediato; jamás tuve problemas de insomnio. Pero a quien los tenga le recomiendo buscar ayuda e invertir en una buena calidad del sueño, porque implica calidad de vida.

Mi cuidado también pasa por la comida. Desde hace muchos años, peso 72 kilos y trato de mantenerme lo más posible en ese número. Me subo a la balanza en el gimnasio y si veo que estoy un poco más abajo, ese día me doy algún gusto. Si veo lo contrario, me cuido más. Es un número que define mi comportamiento y me ayuda a mantener el equilibrio.

Mi casa es una casa de soltero en todo su esplendor: el que abra la heladera solo va a encontrar agua tónica, naranjas y agua mineral. No cocino, y Carmen, mi empleada doméstica, tampoco. Pido *delivery* todos los días, pero cuido que sea siempre de lugares que trabajen con los mejores insumos y calidad de productos. Como pollo, pescado, carne, bajo consumo de sal, evito el pan y el gluten, así como los dulces. Y en ese plan de pedir a los mejores lugares, puedo encargar un plato de pastas a Piégari, una buena combinación de sushi a Lima, un poco de carne a La Dorita. ¿Suena difícil vivir así? No lo es tanto, porque desde hace muchos años hago ayuno intermitente: ceno alrededor de las 9:30 de la noche y recién vuelvo a comer hacia las 14 del día siguiente. A la mañana simplemente me tomo un café y un jugo de naranja. Mis análisis de sangre anuales, que indican que ni siquiera tengo colesterol, me dan la razón en mis elecciones.

Sí, me gusta el chocolate y puedo pecar cada tanto, pero no es lo común en mi vida, sino la excepción. Así lo disfruto más. También, hace más de 20 años que no tomo Coca Cola. Muy raramente, si estoy en un aeropuerto me puedo pedir una hamburguesa con una botellita, pero me alcanza probarla para recordar por qué no la tomo. Prefiero mi copa de vino todas las noches.

Otro de mis puntos de cuidado es, después de haber pasado un año tomando todo tipo de calmantes y siendo literalmente un adicto, no consumir ningún tipo de medicamento. Ni siquiera aspirinas o ibuprofeno.

Finalmente, me gusta vivir el momento. Cuando me preguntan cuál fue mi mejor momento en la vida, siempre contesto que es el actual. Porque el pasado ya pasó, el futuro es una proyección de lo que esperamos y lo que estamos viviendo es lo único que existe. A fuerza de tomármelo así, hoy puedo decir, con absoluta seguridad, que me siento en mi mejor momento.

Capítulo 9

Tiempo de hacerse cargo

Cuando tenía 19 años y estaba estudiando en Boston, recibí un llamado de mi padre. Me contó que, haciéndose un masaje, le habían descubierto un bulto en el abdomen. Después de algunos estudios, había resultado ser un aneurisma abdominal, y debían operarlo. Esa operación se realizó en Houston, porque en aquel momento era el mejor lugar del mundo donde hacían intervenciones vasculares como la que requería papá, y gracias a estar viviendo en Estados Unidos, fui el único de sus hijos que lo pudo acompañar.

En ese contexto, mi padre me contó que estaba muy preocupado por un tema laboral. Él tenía una pequeña oficina en Orlando que funcionaba como un depósito donde se guardaban las películas que se enviaban a los canales de televisión en toda Latinoamérica y el gerente de esa área acababa de renunciar. A punto de ser operado, no estaba en condiciones de ocuparse de ese problema. Decidí tomar la posta. "No te preocupes, yo me voy a hacer cargo", le dije.

Actué rápido: puse un aviso en el diario haciendo una búsqueda para ese puesto (la única forma de hacerlo en aquel tiempo pre Internet), viajé por el día a Orlando, entrevisté cerca de 20 personas, y, cuando se hicieron las 6 y media de la tarde y debía tomar mi avión de regreso, me decidí por un candidato. Lo llamé y lo volví a convocar, esta vez en el aeropuerto. Le dije que viniera a hablar para redondear la propuesta. Así fue como contraté, en tiempo récord, a Víctor Avilés, un puertorriqueño tan trabajador como amable que hasta hoy sigue en la empresa. Con los años, de hecho, resultó una pieza clave en la transformación de la compañía, porque ayudó mucho en los procesos para mejorar la calidad de las copias.

Esa fue mi primera decisión laboral importante. Y con apenas 19 años, no dudé. Me di cuenta entonces de que tenía muchas condiciones para ese tipo de trabajo, y me dio especial orgullo poder demostrarle a mi padre que podía hacerme cargo de la empresa familiar.

Encontrar mi lugar

A los 21 años y después de recibirme y pasar un tiempo trabajando para el productor Howard Goldfarb, amigo de mi padre, en una pequeña distribuidora de películas de nivel mundial de Los Ángeles, surgió la oportunidad del negocio que ya comenté, ese que me permitió volver a Argentina con un proyecto súper interesante bajo el brazo.

Al inicio, viví los primeros meses en casa de mis padres, pero estaba incómodo. Después de tantos años viviendo solo, necesitaba mi independencia. Incluso llevaba algunas chicas con las que salía a casa y me daba pudor... Así que al poco tiempo me alquilé un departamento propio.

Pero aunque pude encontrar mi lugar personal pronto, no fue tan fácil encontrar mi espacio en la empresa. Es que no solamente significaba trabajar con mi padre, sino también con mi madre. Recuerdo que hice algunas acciones muy innovadoras e incurrí en algunos nuevos negocios para aquel entonces, como viajar con Marcelo Tinelli a Hollywood a hacer segmentos de entrevistas a distintos personajes. Era la época en que Marcelo recién comenzaba, de hecho en ese viaje fue la primera vez que se hospedó en un hotel cinco estrellas. La filmación era para *Ritmo de la noche* y con formatos dinámicos; por ejemplo, fuimos al rancho de Bo Derek y Marcelo anduvo a caballo con ella. Debemos haber hecho unas 10 entrevistas de este estilo, que luego le vendimos a Telefé.

También traje a Mickey Rourke a Argentina y organizamos la pelea con Henry De Ridder, evento que logró un rating emblemático. Atesoro una anécdota genial de ese evento. Cuando Mickey llegó a Argentina, lo primero que dijo ante todos los periodistas que estaban esperándolo en Ezeiza era que estaba muy contento de estar en el país, porque Carlos Monzón era su ídolo. Esa declaración salió en la tapa del diario *Clarín*, y al día siguiente Tinelli me llamó para preguntarme si quería ir con Mickey a entrevistar a Monzón a la cárcel. El empresario Marcos Gastaldi nos prestaba su jet privado, y podíamos ir los tres. Por supuesto, dije que sí.

Mientras estábamos organizando, me llamaron de la revista *Gente*. Querían la exclusiva. “Sabés que esto se paga, ¿no?”, les dije. Pedí US$15.000, pero me dijeron que era demasiado, y terminamos cerrando en US$5000. A las 11 de la mañana estábamos todos en el aeropuerto, incluido el periodista y el fotógrafo, y una hora más tarde en la prisión de Las Flores, en Santa Fe. Nos encontramos con un cuartito prolijo, con seis camitas, algunas biblias sobre una mesita, y a Monzón tomando mate. Todo sonaba un poco preparado para nosotros... Mediante el intérprete, Mickey pudo charlar con él y firmarle los guantes. Esa foto quedó para la historia y fue publicada en la revista.

Hubo varias de estas iniciativas en mi camino en la industria. Pero papá me veía orquestarlas y decía "no te distraigas...". Él quería que le pusiera foco al negocio principal.

Hoy entiendo que, aunque fueron acciones de gran éxito en su momento, desviarse del objetivo puede ser peligroso. Cuando sos exitoso, todo el mundo te ofrece negocios, todos quieren hacer algo con vos y todos los días tenés una propuesta diferente. Y la clave es saber cuándo decir que no y cuándo decir que sí. Papá solía contarme la historia de una embotelladora importante que había tenido tanto éxito que no había podido satisfacer la demanda, y se habían fundido incluso en pleno crecimiento. Es bueno tener presente que nadie está exento de eso.

Honrar la herencia

Al tiempo de estar trabajando con mi padre, decidimos incorporar también a mi hermano. Al inicio no quiso saber nada. Decía que lo suyo era el ajedrez y no los negocios, y se veía lejos de una empresa como esta. En efecto, Tomás era campeón internacional de ajedrez y tenía título de maestro en esa disciplina. Después de muchas charlas logramos que se integre. Entonces, mi padre decidió dividir la empresa entre mi hermano y yo. La intención era hacer una herencia anticipada. Sabiendo que mi hermana Ondine no quería ser parte, porque vivía en Estados Unidos y estudiaba abogacía, algo muy alejado del negocio cinematográfico, definió que debíamos pagarle su cuota, así como también a mi madre. Realizó una tasación por su cuenta y estableció un plan de pagos. Y con él en vida, comenzamos a pagar mes a mes el valor de la empresa. Un valor que no era nada bajo.

A través de más de 10 años fuimos afrontando los pagos. No fue fácil, hubo varios momentos en los que la empresa no daba lo suficiente como para pagar y teníamos que rebuscárnosla. Pero lo logramos, y la compañía pasó a ser completamente nuestra. Por desgracia, mi padre nunca llegó a verlo: falleció al poco tiempo de comenzado este plan, a mis 28 años, y terminamos de concretar los pagos años más tarde.

Cuando papá murió, mamá se quedó un año más en la empresa. Al cabo de ese tiempo, estuvo de acuerdo en hacerse a un lado. Aunque no era tan lúcida para los cambios como lo era mi padre y le costó soltar, entendió que era momento de que comenzara una nueva administración, con nuevas ideas y conceptos. Fue así que, en los albores de mis 30 años, pasé de heredero a dueño y socio.

Establecimos los roles muy naturalmente. Yo era bueno para las relaciones públicas, el marketing, las comunicaciones y la negociación para la compra de películas, así como todo lo que tenía que ver con manejarse en inglés, y fui el presidente de la corporación durante al menos 15 años. Tomás era más estratega. Como buen jugador de ajedrez, lo suyo era la técnica y los números, y por eso tomó un rol más administrativo. Hacíamos un muy buen complemento: éramos el yin y el yang, con la misma base de educación pero con personalidades opuestas que se aplicaban con naturalidad a la empresa. Esa fue una de las razones por las que nos fue tan bien.

Una nueva era

De la gestión de mi padre solo mantuvimos el esqueleto. Porque amén de eso, la compañía cambió radicalmente. En principio, dejó de ser una empresa familiar: nosotros éramos hermanos, pero el resto eran empleados y equipos de trabajo diseñados para tomar decisiones de manera independiente y crecer por sí mismos. Era personal profesionalizado, con conocimiento de idiomas y gran trayectoria académica y laboral. También mudamos las oficinas, de Río de Janeiro a San Pablo y de Orlando a Miami, para generar centros de importancia para el negocio. Ampliamos nuestra presencia en festivales, incorporando también los de cine además de los de TV. Y, sobre todo, descentralizamos el poder. Todas las decisiones dejaron de pasar por el dueño, gracias a que armamos manuales de procedimiento con los que cada empleado entendía cómo debía actuar en diferentes casos, pudiendo hacerse cargo de sus puestos en todo momento. Creo que solo mantuvimos a Víctor, aquel primer empleado que había contratado en Orlando a mis 19 años.

Otra decisión importante fue mudar las oficinas. Mi hermano no estaba convencido, pero yo sentí que era fundamental para iniciar nuestro propio camino. Así que dejamos las que habían sido de mi padre en Paraguay entre Esmeralda y Maipú, en pleno centro porteño, y nos instalamos en Blue Sky, la que para mí es la mejor torre de oficinas de la ciudad, en Recoleta. “Tenemos que tener la mejor oficina”, le dije a Tomás. Entendía que éramos jóvenes y teníamos que demostrar solidez, por lo que necesitábamos evidenciar crecimiento y un cambio de imagen. Y así lo hicimos, y resultó un *upgrade* impresionante. Estábamos en el piso 11 y teníamos puertas automáticas para separar las áreas incluso dentro de la oficina. También teníamos una pecera de 11 metros.

Creo que tanto mi padre como mi madre estarían muy contentos de los cambios que hicimos en la empresa y cómo la hicimos madurar. Hubieran estado muy orgullosos de sus hijos, de verlos crecer sanos y de llegar a cosas que ellos nunca hubieran imaginado que podríamos llegar como compañía. Y es que nuestro crecimiento fue exponencial.

Hubo mucho de visión, y otro tanto de suerte. Es que supimos estar en el lugar indicado en el momento indicado. Vivimos la llegada de HBO y otras señales satelitales y nos encontrábamos en una posición privilegiada, porque teníamos los derechos para toda Latinoamérica. No era solo para un país, era para la región. Sucedió lo mismo cuando empezaron a aparecer las plataformas de *streaming* y nosotros contábamos con los derechos de muchísimas películas a nivel regional. Esa genialidad se la debemos a una enseñanza que mi padre nos inculcó desde jóvenes: siempre nos dijo que compremos los derechos para toda la región, y, si era posible, para todos los medios y para perpetuidad. Con su cabeza de abogado, su profesión de base, nos había enseñado a negociar. Nos enseñó a no tener miedo al hacerlo, a ofrecer y animarse. Vimos su grandeza en estas situaciones, y aunque nosotros crecimos con esa impronta, luego fuimos viendo que no todos funcionan así. Creo que esa es una de las grandes limitaciones del ser humano. Por ignorancia o por miedo, o a veces porque ni siquiera se les ocurre, la mayoría de las personas no apuestan a ir más allá en sus proyectos. Y en la vida y en los negocios, animarse a pedir más puede ser la diferencia entre un resultado promedio y uno excepcional.

Personalmente, aplico esta mentalidad en todo. Y si en algo soy ambicioso, es en el crecimiento personal. Porque creo que todos los días tenemos que ver cómo podemos mejorar un poquito más. Ya no tengo la ambición de cuántos dólares quiero en mi cuenta; hoy mi afán es superarme todos los días.

La decisión más difícil de mi vida

Cuando desde el nacimiento uno tiene un padre y una madre así de enfocados en una profesión, es difícil imaginarse haciendo otra cosa. Es como el hijo del rey, que sabe que algún día deberá llevar esa corona. Creo que solo tuve un pequeño lapsus cuando a los 17 años comencé a estudiar computación, y me convencí de que mi destino estaba en esa industria. Pero tres años más tarde volví al origen: cambié de carrera y empecé a estudiar producción de TV con un *major* en Communications y un *minor* en Photography. Siempre tuve esta profesión en la sangre.

Por eso, me pesó muchísimo tener que desvincularme de algo que sentía como el legado familiar. Tener que salir de un mundo en el que había nacido y para el que sentía que me habían criado.

Sin embargo, cuando tuve el accidente de polo con el que quedé en reposo con un cuello ortopédico y enormes dolores, mi hermano me sugirió tomarme un año sabático. Y me pareció muy lógico y considerado de su parte. Me pidió entonces si podía ceder mi oficina a un nuevo gerente general que había contratado, y yo acepté.

Pero, una vez que pasó el año, el día que regresé a la oficina descubrí que, aunque mi hermano sabía que yo me reincorporaba en esa fecha, mi escritorio no estaba liberado. Noté un trato diferente en los empleados, como si los hubieran instruido sobre algo. Fue un momento humillante que me dolió mucho. Lo sentí como un golpe bajo y una traición.

Enfrenté a Tomás y le pregunté qué pasaba. Me dijo que teníamos que tener una charla seria, porque las cosas no podían seguir como antes. Supe que se avecinaba algo grande. Fue uno de esos momentos bisagra de la vida, en los que sabés que ya nada va a ser como antes. Y no solo en lo laboral, sino también en lo familiar, en la hermandad y en el legado de nuestros padres.

Con mi hermano somos totalmente diferentes, el yin y el yang. Y si bien siempre lo habíamos sido, en ese tiempo de distancia laboral todo se había exacerbado. Por muchos años, él se apoyó en mí para ciertas cuestiones, y con el paso del tiempo, y especialmente ese último tramo, había crecido y ganado experiencia en habilidades como hablar inglés o relacionarse mejor, dejando atrás la timidez y volviéndose más seguro, roles que siempre habían recaído sobre mí. En ese momento, dejó de necesitarme. El quiebre fue muy evidente.

Cuando quedó claro que nuestra sociedad ya no se complementaba, comencé a transitar uno de los procesos más difíciles de mi vida. Tanto, que tardé un año en tomar la decisión de abandonar la empresa. Durante ese tiempo, fui madurando la idea y haciendo una suerte de terapia conmigo mismo.

Estuve deprimido, dándole vueltas a varios interrogantes: por qué me había pasado a mí, por qué en ese momento, qué hubiera pasado si no me iba... Recuerdo muchas noches en las que me despertaba con angustia, habiendo soñado que volvíamos a trabajar juntos. Tuve que hacerme todas esas preguntas y vivir ese proceso de luto para volver a encontrarme conmigo mismo.

Hasta que me decidí, y entonces me senté a negociar mi salida con mi hermano. Y cuando pusimos punto final a esa relación laboral, lo hicimos en todos los proyectos que compartíamos, desde la distribuidora hasta la agencia de modelos. Fuimos socios en todo, hasta que no lo fuimos en nada.

Nunca tuvimos una charla sanadora o profunda, pero con el tiempo las cosas fueron volviendo a su cauce. Mi hermano jamás me pidió perdón, porque él no siente que haya hecho las cosas mal. Yo dejé de esperarlo, porque entiendo que no puede verlo desde mi punto de vista. Sí sé que nunca hubiera seguido mi propio camino si no me hubiera separado. Así que, de alguna forma, me hizo un bien.

Hoy con Tomás tenemos una gran relación. Todavía hablamos del devenir de la empresa, le consulto y él me cuenta en qué anda, cuáles son los proyectos del momento. Me gusta saber que las cosas van bien, que por ejemplo siguen apostando por películas que resultan de gran éxito, como la ganadora del Oscar en 2023. Sigo orgulloso de haber sido parte de ese mecanismo y de que siga funcionando. Hoy la compañía vale mucho más y se expandió por Latinoamérica y Europa, creciendo sana y potente.

Tengo que admitir que extraño la adrenalina de esa vida. Cuando dejé todo, sentí como si me hubiera bajado de un Learjet y de pronto me hubieran dicho "bueno, ahora caminá". Fue un proceso abrupto que me costó mucho. Por estos días estoy volviendo a emprender con un socio. Si las cosas salen bien, volveré a recuperar esa vida de reuniones, decisiones y crecimiento. Pero sé que no voy a volver a ser el mismo de antes: en estos años aprendí mucho del camino de la serenidad y el bienestar personal. Ojalá pueda aplicar una nueva versión mía tan productiva como sabia.

Capítulo 10

Mí círculo: la mesa chica

Cuando mi hija Guadalupe tenía 11 años, le describí lo que para mí era la amistad. Le conté que era como un gran teatro, en el que hay distintas filas. Hay amigos que están sentados en la primera (unos pocos), otros en la segunda (unos pocos más), otros en la tercera (bastantes más) y así sucesivamente. Podemos tener muchos amigos, tantos como para llenar varias filas de un teatro, quizás el teatro entero, pero seguramente los más queridos e íntimos serán solo un puñado. La primera fila está reservada para unos pocos.

En mi caso, esa ubicación primordial está destinada a tres amigos que conservo desde la época del colegio. Por desgracia, haber ido a un colegio internacional como el Liceo Francés hizo que lo más común sea que vivan en el exterior, y por eso de esos tres hay uno que vive en Miami y otro en Dubái. El tercero vive en Buenos Aires, y es al que veo con más frecuencia.

Con Alejandro, el de Dubái, hablamos muy seguido, pero con suerte nos vemos una vez al año. Con Samer, que está en Miami, podemos vernos entre una y dos veces al año. Y con Willy, que vive en Puerto Madero, todas las semanas hacemos algo. Pero gracias a la tecnología logro estar muy conectado con los tres.

La segunda fila está destinada a un grupo grande de unos 15 amigos. Son vínculos que me fui haciendo a lo largo de la vida, y hace un tiempo los reuní a todos en un grupo de Whatsapp al que bauticé "nacimos para esto", mi *leitmotiv* para pasarla bien en la vida y justamente el título de este libro. Si bien no todos se conocían entre sí, funcionó bárbara la unión, porque se charla. Pero fundamentalmente el espíritu es compartir invitaciones a distintas salidas y experiencias. Es que hoy no necesito tanto un amigo confidente, sino compañeros para compartir cosas. Una cena, un viaje, una salida, un deporte. En ese grupo pongo la propuesta que tenga, como "¿quién está para jugar al golf este viernes?", y siempre encuentro compañía.

De confidencias y consejos

Entre mis amigos, a veces tomo el rol de consejero. Atravesé muchas situaciones en la vida y tengo una mirada amplia. Me pasó de todo, y siempre sobreviví. Como dicen, lo que no te mata, te fortalece. Agregaría que también te permite acompañar mejor a otros.

El crecimiento personal tiene mucho que ver con la capacidad de adaptarse y de salir adelante. Con la resiliencia. Y creo que puedo dar fe de eso, y es uno de mis atributos para poder charlar de ciertos temas con mis amigos. A la vez, mis tres amigos más cercanos están casados, y a veces también creo que buscan una opinión un poco distinta de lo que los rodea, y yo puedo aportarles esa perspectiva.

Por mi parte, cuando necesito un consejo suelo recurrir a amigos que considere sabios en esos contextos. Por ejemplo, si es algo económico, busco al que sabe de finanzas. Sin embargo, hay un amigo en particular en el que me apoyo mucho. Con 60 años, él también pasó de todo y sabe mucho. Su nombre es Diego y sabe tener la palabra justa.

Me parece muy importante consultar la mirada de los otros cuando tenemos algún dilema. Aunque a veces hay respuestas que solo pueden estar dentro de cada uno, muchas otras hablar con alguien aporta una perspectiva invalorable. El punto de vista es como un paredón gigante donde uno hace un agujero y mira. Esa es tu realidad. Pero en ese paredón hay miles de otros agujeritos, que son las realidades de las distintas personas. Y depende por dónde mires, todo se ve distinto. Además, consultar a otros en momentos de problemas puede brindar nuevas herramientas y contactos para destrabar una situación.

De todos modos, tengo que admitir que cuando me pasa algo, a la primera que llamo es a Leticia. Mientras estábamos juntos, solía decirle que era una gran amiga, pero ella siempre me decía que no. Creo que eso era por falta de entendimiento: le decía que antes que nada éramos amigos, y ella me retrucaba que éramos novios. Pero para mí la amistad es la base de toda relación. Amistad es quererse, es admirarse, es apoyarse y acompañarse. Y todas esas son condiciones muy necesarias para formar una pareja.

De todas las edades y géneros

También creo en la amistad entre el hombre y la mujer. No todo vínculo con el otro género tiene que estar teñido por lo sexual, y además está lleno de mujeres sumamente interesantes que quizás no me atraen amorosamente pero con las que me resulta muy enriquecedor compartir tiempo y charlas. Cuando pienso en amistad, pienso en vínculos cerebrales, en los que el pensamiento del otro aporte a tu vida.

Lo que me gusta de tener amigas es que puedo disfrutar charlas que con hombres no tendría. Definitivamente son almas más sensibles, y tienen otra manera de comunicarse y de ver las cosas. También es verdad que se chismosea un poco más.

Entre mis amigas puedo contar a hermanas de chicas con las que salí y también a mujeres de amigos. En este último grupo, puedo ser amigo cuando de verdad me conocen. Cuando no, me tienen un poco de miedo y piensan que soy el enemigo. Me toman de mala influencia, y temen que cada vez que sus maridos salgan conmigo haya otras mujeres alrededor. Mi capacidad de ser libre a veces asusta.

Me gusta tener amigos de todas las edades. Tengo de 20, de 30, de 40, de 50 y de 60. Y en cada década descubro algo nuevo y me aportan algo distinto. No tengo prejuicios ni con la juventud ni con la "vejez". Y siempre estoy abierto a hacerme nuevos amigos, no soy de los que piensan "ya está, este es mi grupo de pertenencia". Me gusta ser parte de diversos grupos y que cada uno funcione para distintos momentos de la vida.

Aunque, claro, los amigos más nuevos y recientes siempre están un poco "a prueba", porque en seis meses no se conoce de verdad a nadie. Es cuestión de empezar a salir y compartir cosas juntos, para ver si hay afinidad en valores y gustos. Todo se corrobora con el tiempo.

Las fiestas en las que todos se querían colar

Como conté, hace varios años, cuando tenía la agencia de modelos, hacía una fiesta legendaria en Punta del Este que se llamaba "La despedida del Año Viejo". La hacía el 30 de diciembre. La idea nació porque esa era una noche en la que nunca había demasiados planes, y en cambio la del 31 estaba estallada.

Tenía una chacra en la zona de La Barra, Chakras del Este, e invitaba a unas 200 personas. Organizábamos un operativo de seguridad muy importante, porque venían otras 200 a querer colarse... Lo más interesante empezaba temprano, cuando recibía a 50 amigos VIP para comer sushi hecho por Coco, la especialista del restaurante La Huella. Cuando esa primera parte de la noche pasaba, en mayor intimidad, llegaba el resto para empezar la fiesta en todo su esplendor. Hice este evento unos seis años seguidos.

Cuando me cansé de la noche, pasé a las *pool parties*. Fui el primero de Argentina en hacerlas, incluso me hicieron una nota para Infobae sobre el tema. Recibíamos a los invitados con un asado hecho por un asador experto que se presentaba vestido de gaucho, había un caballo para salir a pasear y hasta camillas para hacerse masajes al lado de la pileta. Pasaban varios DJs amigos, y estaban desde Silvina Luna hasta Zeta Bosio, entre los conocidos de la farándula.

En esa época tenía un círculo muy grande que me seguía, y además tenía al lado al relacionista público Gaby Álvarez, que me ayudaba a hacer la selección y la convocatoria de empleados. Todo el *jet set* de Punta del Este ha pasado por mis fiestas, desde Franco Macri a los polistas más importantes, como Polito Pieres, o las modelos más conocidas del momento, como Nicole Neuman y Karina Jelinek. También empresarios de la talla de los Roemmers. Venía la socialité más alta que había en Punta del Este.

Dejé de hacerlas cuando me desvinculé de la agencia, un poco por eso y otro tanto porque inicié un camino para empezar a despojarme de tanto lujo y materialismo (ya hablaremos mejor de eso en otro capítulo). Me di cuenta de que de 200 personas que invitaba, el resultado no eran 200 amigos. Y ni siquiera 200 retribuciones de invitaciones. En la mayoría de los casos, todo quedaba simplemente de mi lado. Fue una linda experiencia haber hecho estas fiestas y eventos, pero sentí que habían cumplido un ciclo.

El grupo selecto de los jueves

La evolución de esas fiestas fueron las cenas de los jueves. Como ya conté, me gusta organizar comidas para entre 15 y 20 personas. La clave es invitar a figuras de diversos ámbitos. No las organizo todas las semanas, sino que pueden ser quincenales o mensuales. Como en parte implica traer a gente que no conozco a mi casa, a veces siento que la cargo demasiado de energías distintas, y necesito hacer un *stop*.

¿Cómo armo la lista de invitados? Suele haber cuatro o cinco regulares y luego el resto se organiza en base a conocidos míos y de esos habitués. El resultado es súper ecléctico y muy interesante. En general, la convocatoria sale fácil, a todo el mundo le gusta ser invitado a una reunión divertida y fuera de lo común.

La dinámica funciona así: al inicio comenzamos con una copita y algo para picar, una especie de cóctel. En ese marco ya se va armando la charla. Considero que tengo un don para presentar a las personas y encontrarles puntos en común de los que puedan hablar. Si acerco a alguien a un grupo, lo hago siempre marcando alguna línea de conversación. Por ejemplo, "¿sabés que ella también viajó hace poco a Egipto?" o "él también toma clases de tenis todas las semanas".

Después de una media hora de copetín, nos sentamos a la mesa. En general, invito a las 9:30, y pido que la gente sea puntual, con una tolerancia máxima de 15 o 20 minutos de espera. Es importante que sepan esto, porque los que llegan más tarde ya no van a tener lugar en la mesa y tendrán que sentarse aparte. Así que el que quiera acceder a un buen lugar tiene que ser puntual.

Una vez sentados, la mesa es grande y pueden armarse distintas conversaciones. Pero me gusta hacer brindis generales y así compartir un poco la charla. A veces también surgen temas en los que todos se involucran, y suelen ser de las conversaciones más interesantes, en ocasiones con debate y polémica incluidos.

En estas comidas se han llegado a formar parejas. Y es que otro de mis dones, como ya dije, es ser buen celestino. A lo largo de la vida, presenté a personas que incluso terminaron casándose. De acuerdo a la religión judía, esa es una de las acciones que más retribuye Dios, porque formar una nueva familia es el bien más grande que uno puede hacer. Se dice que la persona que presentó a esa pareja es recompensada por 10.000. Si miro mi vida, creo que podría decir que hay verdad en la creencia.

Todo queda en familia

Aunque fuimos socios y considero que tenemos una relación muy fuerte desde chicos, con mi hermano Tomás nunca pudimos generar un vínculo profundo de amistad. Es decir, podemos salir a comer y charlar de los más diversos temas con mucha confianza, pero todavía siento que nos falta compartir más actividades. Exceptuando los viajes de trabajo, jamás hicimos deporte juntos, ni fuimos a algún recital o evento o simplemente salimos de noche. Siempre lo noté muy divertido, pero nunca pude explorar del todo esa faceta suya. Quizás sea un pendiente para la próxima parte de la vida.

Algunas personas prefieren separar los tantos y decir que ellas no son amigas de sus hijos, porque una cosa es un padre y otra un amigo. Del mismo modo que pienso que en una pareja la amistad es siempre la base, creo que es posible ser amigo de mis hijas. Para esto, tengo bien claro el vínculo y sé que hay ciertas cosas que es mejor no compartirles, para no borrar límites ni perder autoridad, pero me parece fundamental poder trazar con ellas un camino de confianza y complicidad. Y creo que en eso influye muchísimo la amistad.

Del mismo modo, un hijo puede decirte cosas que nadie más podría, que no permitirías ni tolerarías de nadie más. A mis hijas les entiendo y les escucho todo. Entablé con ellas la máxima conexión posible.

Estoy convencido de que la calidad de tus amistades influye en la calidad de tu vida. Somos máquinas que funcionamos a base de amor. Y aunque se puede tener amor familiar, el afecto de los amigos es uno de los más genuinos, porque no está impuesto por la vida, sino que uno se lo gana. Si tenés buenos amigos significa que algo hiciste bien, que estás entregando valor. Y a la vez, que estás recibiendo amor del bueno.

Se dice que en las zonas de mayor longevidad del mundo uno de los secretos son las buenas relaciones. Los vínculos fuertes y el sentirse querido y necesitado. Me consta que incluso la persona de mejor salud puede deteriorarse pronto si es atacada por la soledad. Ahora y en la vejez, nada mejor que seguir teniendo las butacas del teatro siempre llenas.

Capítulo 11

Mi vida en el espectáculo y en la moda

Al inicio, nuestra empresa solamente compraba derechos de películas para televisión. Pero con el tiempo nos dimos cuenta de que era necesario comprarlos desde el inicio de su camino en el cine, porque si no corríamos el riesgo de que se los llevaran otros competidores. Era una tarea más compleja, pero vital. Por eso, armamos un nuevo brazo dentro de la empresa que comenzó a comprar derechos cinematográficos. Se llamó Sun Distribution, y es la compañía que hoy se conoce en todo el mundo como Diamond Films.

En ese momento, quienes integrábamos la empresa éramos mi hermano, un socio minoritario (de mucha confianza, porque había sido amigo de la infancia de Tomás) y yo. Viajé con ese socio a Hollywood para crearla.

Los primeros tiempos fueron toda una novedad para nosotros, porque jamás habíamos comprado derechos cinematográficos. Pero con el paso de los años nos transformamos en líderes del rubro en Latinoamérica. Y aunque a veces se piense que es una región menor comparada con Estados

Unidos o Europa, es un territorio muy grande que incluye 23 países en su bloque total. Por eso, era muy común que los productores de Hollywood nos invitaran a las *avant premieres* en lugares exclusivos, porque éramos parte de los compradores más importantes del mundo.

Y si había un costado divertido de estar a la cabeza de una empresa que distribuía películas de Hollywood en Latinoamérica, era viajar a los festivales de cine.

El baño de Sir Elton

Una de las invitaciones más memorables que recibí fue a la casa de Elton John en Niza.

Esta ciudad es elegida por muchas figuras importantes de Europa para establecerse. Esto sucede por dos razones. La primera es el clima. En especial la gente de Londres suele elegir el sur de Francia para escapar de la lluvia y las nubes permanentes. Eligen la Costa Azul para tener sus casas de vacaciones y disfrutar del sol. La segunda razón es que Niza ofrece un aeropuerto internacional muy grande, abierto las 24 horas. Para estas personalidades es muy fácil subirse a un *jet* privado y estar ahí en minutos.

Elton John es de esos poderosos que tienen su casa en la zona. Tiene una mega mansión sobre una colina con esculturas gigantescas en el parque y muchas piletas; una postal similar al castillo de Versalles. ¿Y por qué llegué a la casa de un músico si trabajaba en la industria del cine? Porque en ese momento Sir Elton decidió empezar a producir para Hollywood, y creó la empresa Rocket Pictures.

Bajo esa firma, había traído dos películas para proyectar en el Festival de Cannes. Por desgracia, la proyección había sido frustrada, porque habían mandado el material por correo y a causa de una huelga había quedado guardada en un depósito. De todos modos, me invitaron junto a otros compradores del mundo a su casa y nos llevaron hasta allá con choferes privados.

El primero que nos recibió fue su entonces novio y hoy marido, David Furnish. La verdad es que nunca pensamos que Elton iba a aparecer en persona a hablarnos de sus proyectos cinematográficos. Pero después de una recepción en una terraza divina en la que nos atendieron unos mozos impecables de traje y guantes que nos sirvieron champagne y *apettizers*, sucedió. Llegó con su saco a puro color, sus anteojos redondos y su look inconfundible. Muy simpático, empezó a charlar con nosotros y presentar las películas.

En un momento, pedí ir al baño y me indicaron el camino. Resultó que estaba dividido en dos recámaras gigantescas. En la primera había una pared repleta de fotos de hombres desnudos exhibiendo sus penes en primer plano. También me sorprendió encontrar un timbre en el piso, como para llamar a algún valet. Imaginé que eso lo usaban cuando Elton y sus amigos estaban muy drogados después de mucha fiesta y necesitaban asistencia... Luego había como unas rejas, al mejor estilo cárcel, y recién al fondo encontrabas el inodoro. Definitivamente fue el baño más extraño al que fui.

Antes de despedirnos, le conté a Elton que ese día era mi cumpleaños y que planeaba festejarlo en Èze, a unos 20 minutos de Niza. Como la fecha solía coincidir con el festival, me gustaba ir a un restaurante de la cadena Relais & Chateaux que está sobre el agua, con una terraza perfecta para ver la puesta de sol, La Chèvre d'Or. La cita era a las 7 de la tarde, para primero tomar una copa de champagne en el *sunset* y luego entrar al restaurante a comer y festejar. Le dije a Elton que me había caído muy simpático y que en tres horas iba a estar festejando mi cumpleaños ahí, y que como él me había invitado a su casa, quería invitarlo a mi celebración. Me agradeció mucho, me felicitó por el cumpleaños y dijo que le parecía maravilloso el evento, que iba a hacer lo posible por pasar.

Nunca imaginé que iría, así que mi sorpresa fue grande cuando en un momento de la noche llegó a la mesa una botella de champagne espectacular. Le dije a la moza que no había pedido nada, pero me señaló una tarjeta encima de la frappera. Decía "Happy birthday, Sebastian", firmado por Sir Elton John. En algún lado todavía tengo guardada esa nota.

Al día siguiente llamé a su casa para agradecer. Elton también estaba haciendo en ese momento la música de una obra muy exitosa de Broadway, *Billy Elliot*. Me consultó si pensaba ir a Nueva York en el corto plazo, y cuando le dije que sí, se comprometió a conseguirme buenos lugares. Terminé viendo la obra en las primeras filas.

El que pega primero, pega dos veces

En ese mundo, y especialmente en los festivales, todo el tiempo estás en contacto con los artistas más importantes del globo, de las más diversas áreas. Te los podés encontrar en restaurantes, hoteles y hasta en la calle, no solamente en las alfombras rojas.

Sin embargo, siempre fui muy respetuoso de todas las *celebrities*. No era común que me sacara fotos, porque no está bien visto cuando estás del lado de los que trabajan. Por lo general, traté siempre de ubicarme dentro de lo que era mi misión, que básicamente era negociar guiones.

Para poder acceder a las películas, teníamos que empezar a comprar los derechos desde el guión. Cuando íbamos a un festival, ya sabíamos de antemano cuáles eran las seis o siete que eran de alto interés, y teníamos organizadas desde antes reuniones con esas empresas específicas. También teníamos un contacto en Los Ángeles que nos hacía el trabajo de inteligencia previo, leyendo los guiones y contándonos si iban o no con nuestro perfil.

En estos festivales es importante tener una ventaja competitiva rápida y cerrar el negocio antes de irse del evento, porque hay mucha presión. El festival dura entre tres y cuatro días; en ese tiempo hay que tener las reuniones necesarias para cerrar los negocios. Tenés que llevarte el derecho a casa. Si no, la película se la podía llevar Warner Bros, Disney o algún otro grande. Atacar desde un principio fue fundamental.

Nos fue muy bien con esa estrategia, tanto es así que la empresa compró varias películas ganadoras de Oscars. Por ejemplo, *Million Dollar Baby*, el film dirigido por Clint Eastwood y protagonizado por Hillary Swank.

Compartiendo ascensor con Angelina, cena con Nicole y desayuno con Sting

En Cannes hay ciertos hoteles que son icónicos. El más especial es uno ubicado en las afueras, a unos 25 minutos de la ciudad, en Cap d'Antibes. Se llama Hotel Du Cap-Eden-Roc y es el más importante de la zona. Ahí se hospedan todas las estrellas y los productores más importantes de Hollywood.

Enseguida nos dimos cuenta de que si queríamos participar de verdad de ese mundo, debíamos alojarnos ahí. Pero no era una tarea fácil: a menos que tuvieras reserva con varios años de anticipación o que te conocieran, no podías acceder. También era un hotel en el que solamente podías pagar en efectivo o con transferencia, no aceptaban tarjetas de crédito. Todo servía como un filtro para hacerlo más exclusivo.

Al tiempo logramos ser admitidos como huéspedes. Primero nos dieron una habitación simple. El hotel se dividía en un edificio principal y una residencia, y nos hospedamos en la residencia. Recién después de 10 años logramos una suite más importante en el área principal. Nos hicieron pagar derecho de piso.

Eran tiempos en los que viajaba con Leticia y Guadalupe, que era muy chiquita para dejarla sola por tanto tiempo. Y una noche, bajando en el ascensor, nos tocó compartirlo con Angelina Jolie. Recuerdo que miró a Guada, le sonrió, y nos preguntó si podía sacarse una foto con ella, porque le parecía muy linda.

Esa misma noche, por la cena, encontramos a Nicole Kidman en el restaurante del hotel, y nuevamente Guada recibió un elogio de *celebrity*: nos dijo que le encantaba que fuera pelirroja como ella.

También era común cruzarse con algunas de las figuras más reconocidas del planeta al momento del desayuno, que se sirve en unos jardines que podrían ser los de Versalles. Así me pasó con Sting, una mañana en la que decidí bajar muy temprano.

Eran las 7 y solo él, los pajaritos y yo estábamos sentados en la terraza, entre árboles imponentes y con el mar de fondo, tomando nuestro café. Por supuesto, me di el gusto de una pequeña charla. Supe de sus próximas giras y me contó lo cálido, amable y único que le parecía el público argentino. Relató que había venido varias veces al país y que tenía ganas de repetir la experiencia pronto, porque la pasión de los fans argentinos en los recitales no tenía comparación con los de ningún otro destino en el que hubiera estado. En ese marco de película, charlamos unos minutos, hasta que empezaron a llegar otros huéspedes. Lo recuerdo amable y muy dispuesto. Ojalá algún día me lo vuelva a cruzar en algún otro punto del mundo.

Hasta fui embajador

Dada mi trayectoria en la industria, en un momento me ofrecieron ser el embajador de los International Emmys para Argentina. Significaba ser el nexo entre el país y el mundo del espectáculo hollywoodense.

En esta cita, que se da en noviembre en Nueva York, primero se organiza un festival de 48 horas en el que hay charlas y se junta a la gente del mundo del espectáculo a debatir el presente y futuro de esa industria. Luego sucede la ceremonia, que muchas veces estuvo presentada por el magnate de medios Rupert Murdoch. Los International Emmys forman parte de la amplia gama de premios Emmy al mérito artístico y técnico para la industria televisiva, y reconocen aquellos programas inicialmente producidos y transmitidos fuera de Estados Unidos.

Pero mucho antes de la celebración en sí, la misión del embajador es promover el premio durante todo el año. Encargarse de las reuniones locales para las votaciones, proponer quiénes serán los que podrán votar, coordinar a los productores que quieren postular sus trabajos y ayudar a conectar a aquellos que quieran viajar al evento. Y una vez que se determinaron los nominados, acompañarlos a la cita.

Vi pasar varios invitados en los diversos años en los que estuve, y tuve el honor de ver premiada por primera vez a la Argentina cuando el productor Claudio Villaruel ganó en 2008 por "Televisión x la Identidad". Fue un logro espectacular y una fiesta.

Dejé este rol cuando me retiré de la industria. Pero lo ejercí por más de 10 años y fue una gran y emocionante responsabilidad.

Por los canales de Venecia

Otro evento muy importante en el mundo del cine es el Festival de Venecia.

Recuerdo un viaje en particular en el que llegamos tan sobre la hora para la presentación de la película que tuvimos que ponernos el smoking en la lancha que nos llevó hasta la parte de la isla donde era el festival. Por suerte era una embarcación privada y no la pública que toma todo el mundo.

La presentación de la película a la que íbamos era *21 gramos*, dirigida por Alejandro González Iñárritu y protagonizada por Benicio del Toro. Estuvimos en el cóctel con ambos y la sensación era de ser parte íntima del equipo. Nos integramos como si fuéramos amigos de toda la vida.

Al día siguiente de esta llegada precipitada, mi intención era ir a conocer el Harry's Bar, el bar original de Giuseppe Cipriani. Ni mi hermano ni mi socio ni yo estábamos vestidos acorde, pero de todas formas tocamos el timbre que estaba del otro lado del canal y pedimos entrar. Nos vino a buscar un *gondolieri* para cruzarnos, y, como no teníamos sacos y eran parte de la etiqueta del lugar, una vez allí nos ofrecieron prestarnos. Pero no había tanta disponibilidad, y me tocó uno dos talles más grande.

Resultó que dentro estaba George Clooney sentado tomando algo. No pude resistir la tentación de pedirle una foto, y todavía me río cuando la veo: las mangas de mi saco eran tan largas que parece que soy manco.

En la casa de otro Sir

Ya desvinculado de la gran corporación, hubo un momento en el que se me presentó la oportunidad de volver al rubro produciendo la película de la vida de Richard Branson, el magnate inglés conocido por su marca Virgin, que abarca desde la aerolínea hasta la compañía discográfica. Y para discutir esa posibilidad, fui invitado a Necker Island, la isla privada de sir Branson en las Islas Vírgenes Británicas, en el Caribe.

La aventura empezó desde el viaje mismo: para llegar tuve que volar primero a Miami, luego a San Juan de Puerto Rico, después en un avión mucho más chico a las BVI y de ese aeropuerto tomarme un taxi acuático hasta Virgin Gorda, la isla principal de este país. Allí me hospedé en un hotel increíble llamado Bitter End Yacht Club, compuesto por distintas cabañas en las alturas, en el medio de la selva más agreste y tropical. Y al día siguiente me vinieron a buscar en una lancha para llegar de una vez por todas a Necker.

Era un paraíso en la Tierra. Arena blanca, aguas cristalinas y cálidas y una gran mansión con todas las comodidades posibles, desde bares y camastros gigantes en la playa a habitaciones súper lujosas con vista directa al océano. También contaba con un spa en el que la camilla de masaje estaba suspendida en el aire, mirando al agua. Me hospedé allí unas tres noches.

Imaginé que solo iba a conocer a Richard en alguna reunión puntual, pero resultó un anfitrión muy presente. No solamente compartimos almuerzos, sino que hasta me dio clases de *windsurf* en la playa. Durante una hora, me explicó la técnica y me guió con toda paciencia y con mucho humor. Cuando ese mismo día le dije que no podía quedarme a comer porque tenía que tomarme un avión de regreso a San Juan, me dijo que ni lo pensara. Que me quedara y comiera tranquilo, porque él en tres horas tenía que volar de regreso a Los Ángeles, y podía hacer una parada en Miami para dejarme.

Subir a su avión fue tan impactante como podría imaginarse. Aunque de menores dimensiones que los de la flota comercial, tenía todo el lujo de Virgin Atlantic Airways, incluidas las azafatas con el uniforme reglamentario. Estaba equipado como si fuera parte de los grandes Airbus hasta en el último detalle. Y luego de menos de dos horas de vuelo, me depositó en Miami. Como quien deja a alguien de pasada con su auto.

Por esas cosas de la vida, la película nunca se hizo. Pero me guardo la anécdota de esta estadía y espero volver a cruzarlo alguna otra vez. Me regaló charlas muy interesantes, es un hombre extremadamente culto y a la vez muy divertido. Sin duda es un ícono mundial y un personaje único.

No todo lo que brilla es oro

En el mundo del espectáculo, es muy común que las apariencias engañen. Aunque tuve buenas experiencias en general, también me llevé algunas desilusiones.

Me sentí ninguneado por algunos productores de alto nivel. Personas a las que me acerqué con todo respeto a saludar en un cóctel y que me han mirado de arriba a abajo con cara de asco. Uno de ellos fue Harvey Weinstein, quien luego fue condenado por abuso sexual en reiteradas ocasiones.

También me llevé una gran desilusión con MGM. Viajé ¡seis! veces hasta Los Ángeles para charlar con un alto ejecutivo que después de todos estos trayectos decidió que no, que el negocio no era para él. Recuerdo que teníamos reuniones de dos horas cada vez, con largas charlas, y al final siempre me despedía un poco dubitativo. Hasta que a la sexta vez entendí que no iba a ningún lado, y desistí. Fue la desilusión más grande que tuve en mi carrera, porque de verdad invertí mucho esfuerzo y tiempo, y sentí que estaba al borde de lograr lo que quería.

También vi de primera mano la soberbia que pueden ostentar ciertas celebridades. Una noche, un amigo que estaba produciendo una película con Paris Hilton me invitó a la presentación. Habían alquilado Le Bâoli, un restaurante/bar/discoteca muy grande en Cannes, y estaba estipulado que llegara alrededor de las 9 de la noche. Nosotros fuimos a las 8. Dieron las 9 y Paris no llegó. Tampoco a las 10. Pasadas las 11:30 finalmente entró al bar. Había unos 200 periodistas esperándola afuera. Y apenas entrar, miró su mesa, hizo un gesto de desagrado, dio media vuelta y se fue. Al parecer, no estaba su botella de champagne preferida… Tenía 25 años y estaba en la cresta de la ola, supongo que eso también era parte de su numerito para hacer show y ser noticia.

Muchos años después volví a encontrar a Paris en el boliche Amnesia, en Ibiza, cuando ella se convirtió en DJ y se presentaba en distintas discotecas del mundo, y yo estaba en el VIP gracias a mi relación con Martín Ferrer, el dueño. Y más de 10 años después de aquella primera impresión, la persona con la que me encontré era otra. Tanto, que terminamos la noche tirando espuma desde arriba de la mesa a todos los que estaban abajo, a pura complicidad y risas.

La miniserie que vendí tres veces

Uno de los grandes hitos que logramos fue comenzar a producir una serie por fuera de los grandes canales, algo que nadie había hecho hasta entonces, a comienzos de los 90. Así fue con "La marca del deseo", una miniserie de 13 capítulos con guión de Claudio María Domínguez. En una época en la que todo se hacía por encargo, nos lanzamos a producirla sin tenerla aún vendida, porque sentimos que podía funcionar muy bien. De hecho, contratamos a Gerardo Romano, uno de los mayores galanes de ese entonces, quien trabajaba para Canal 13 y decidió comenzar el proyecto con nosotros, una productora independiente.

En un primer momento, le vendimos la idea a Telefé, mediante tratativas con Gustavo Yankelevich. En tiempos del 1 a 1, le propusimos un esquema de trabajo que incluía un viaje a Tokio, Japón, para filmar allá. El presupuesto fue de un millón de dólares, unos US$80.000 por capítulo. Sin duda, era la época de oro de la TV, hoy nadie invertiría esa fortuna.

¿De qué se trataba? "La marca del deseo" era un thriller erótico bastante jugado. Romano interpretaba a Axel, un psicópata que después de seducir a sus víctimas las marcaba para siempre con el tatuaje de una serpiente y una rosa en el pecho izquierdo. Con el detalle de que esta marca no era consentida. Sandra Ballesteros personificaba a la policía que tomaba el caso y recibía las denuncias de las mujeres que habían pasado por las manos de Axel. El elenco se completaba con figuras como Emilia Mazer, María Socas, Leonardo Sbaraglia, Luis Luque, Fernán Mirás, Valentina Bassi y Gabriel Goity.

Pero resultó que las escenas de alto voltaje fueron demasiado para Telefé, y decidieron sacarla del aire, incluso a pesar del alto rating que generaba. Pero nosotros teníamos un as bajo la manga: en nuestro contrato estaba especificado que la única figura que podía censurar la miniserie era el COMFER, el Comité Federal de Radiodifusión. Por eso, y pese a que teníamos negocios millonarios con Telefé por otras películas, decidimos enfrentarlos. No llegamos a juicio, porque prefirieron hacer un acuerdo, y la miniserie quedó liberada.

A continuación nos llamaron de AVH, la empresa distribuidora, y nos ofrecieron US$300.000 como un adelanto de garantía para distribuirla en video. Y eso mismo hicimos, así que los 13 capítulos finalmente pudieron ver la luz para quien quisiera comprarlos (o alquilarlos).

Pero eso no fue todo. Al año, Alejandro Romay, conocido como "el Zar" de la televisión, dueño de Canal 9, me invitó a su casa. Cuando llegué a ese piso 13 sobre la avenida del Libertador, tuve la grata noticia de que él también quería comprar la miniserie para pasarla por su pantalla. Después de algunas negociaciones, llegamos a un acuerdo. Se la vendimos por US$500.000. Era 1997, y las promociones con las que se anticipaba el lanzamiento decían "no quisieron que usted lo viera, pero la libertad siempre triunfa". Cuando salió al aire, fue un suceso total. No solo fue una de las historias de ficción más polémicas de la televisión argentina, sino además una de las más exitosas.

Para nosotros, "La marca el deseo" marcó un récord en la cantidad de dinero que habíamos logrado obtener hasta entonces de una sola producción. No fue fácil llegar hasta ese punto, estuvimos cerca de abandonar la idea varias veces, pero es un gran ejemplo de cómo nunca hay que desistir de los proyectos en los que uno cree.

El trabajo que todos quieren

En 2001 innovamos con otro negocio que también tuvo su cuota de glamour: con mi hermano creamos la agencia de modelos Multitalent. Era una época muy mala para la Argentina, pero muy buena para iniciar proyectos. No había nadie iniciando cosas nuevas, el país estaba barato en dólares y hacía falta una renovación. Le pusimos ese nombre a la empresa porque la idea inicial era no solo representar modelos, sino también otro tipo de talentos. Pero por las vueltas de la vida, al final nos enfocamos en modelos, y casi exclusivamente mujeres.

Nos embarcamos en este negocio porque si bien éramos empresarios de larga data, en Argentina no nos conocía mucha gente y teníamos pocos clientes. Trabajamos con los canales de televisión de aire, que eran apenas cinco, y un puñado más de cable. Queríamos presentarnos en sociedad y levantar el perfil, y pensamos que esta era una buena forma de hacerlo.

En ese momento, Canal 9 y la revista *Gente* compartían dueño. Y como teníamos entrada con el canal porque le vendíamos películas, enseguida también generamos un puente con la parte editorial. Era un tiempo en el que la tapa de la revista rebotaba en absolutamente todos los medios. *Gente* era líder de noticias y tenía un equipo periodístico impresionante. Desde el inicio contamos con su apoyo, y fue fundamental para instalarnos.

Durante mucho tiempo, sobre todo en los 90, los grandes reyes de este rubro habían sido Pancho Dotto y Ricardo Piñeiro. Pero para inicios de los 2000 ya habían achicado un poco su reinado. Fue en ese espacio que entramos nosotros. Considero que ellos no se supieron consolidar como empresarios, sino más bien como cuentapropistas. Su negocio estaba más centrado en sí mismos, y nosotros creamos una empresa más profesionalizada, con *bookers* y áreas independientes.

Eso hizo que el proyecto tomara mucho vuelo. Una de las mayores apuestas la hicimos luego de un viaje en el que recorrí todos los centros de la moda internacional, desde Milán y París a Nueva York, reuniéndome con los dueños de las agencias de modelos más importantes del mundo. Los invitamos a un evento en el recientemente inaugurado Hotel Hilton, donde hicimos una suerte de programa de televisión en formato de concurso. La ganadora se podía ir a trabajar a otro país, y mandamos modelos a Milán, a la agencia de Guido Dolci.

Hemos firmado a muchísimas figuras que después se hicieron conocidas, como Sofía Zámolo, Zaira Nara o Paula

Chaves. También a consagradas como Nicole Neumann, y a muchas modelos que tal vez no son tan mediáticas pero hoy triunfan en Europa.

Ni el mundo del cine ni el de la moda son trabajos como cualquier otro. Porque aunque hay mucho esfuerzo detrás, también son ambientes rodeados por mucho glamour. Al igual que en el circuito de las películas, cuando tuve la agencia comenzaron a invitarme a todo tipo de eventos. Comprobé que el sexo verdaderamente mueve al mundo, porque vi a los personajes más poderosos desvivirse por entrar en contacto con estas chicas. Me llegaron muchas consultas y propuestas indecentes para ellas, pero siempre traté de cerrar esa puerta con discreción.

Hay muchas cosas que se pueden comprar con dinero. Llegar a la posición de tener una agencia de modelos con la clase de figuras que nosotros tuvimos no es una de ellas. Conozco personajes con mucho más dinero y tal vez mucho más exitosos que yo que hubieran cambiado todo por estar en mi lugar. ¿Y qué hice yo en esa posición? No quise mezclar negocios y placer, porque entendí desde el inicio que sería problemático. Juro que nunca salí con ninguna modelo, me lo establecí como un límite fundamental. Traté de ser muy profesional al respecto y mantenerme al margen de ese tipo de relaciones.

Después de 14 años, en 2015 le vendí la agencia a mi hermano. Y un tiempo después me sumé a otra agencia ya existente, en la que Mauricio Catarain me invitó a ser parte, Life Chekka. La idea era que pudiera colaborar desde mi rol empresarial, y trabajamos juntos por tres años. Entre otros nombres reconocidos, manejábamos figuras como Juana Viale del Carril, Sofía Gala, Luciana Salazar y Chloé Bello.

Incluso creamos una academia dentro de la agencia, en la que le enseñabamos a chicas a transformarse en modelos hechas y derechas.

Funcionó por un tiempo, hasta que decidí desvincularme, porque Mauricio quería enfocarse también en la producción de cine y a mí no me interesaba. Sentí que había cumplido un ciclo en el mundo de la moda y me abrí.

Capítulo 12

De todas y de ninguna

Desde que me divorcié de Leticia, nunca más volví a tener una relación formal. En cambio, encontré el equilibrio entablando todo tipo de vínculos, menos el de pareja. Hoy tengo citas con distintas mujeres y en algunos casos podemos vernos por varios años seguidos, pero el foco está en divertirnos y pasarla bien. No es amor, pero sí es compañía, y muchas veces también amistad.

La mayoría de la gente no entiende cómo funciona esto. Cómo puedo hacer para conocer distintas mujeres y no enamorarme de ninguna, o para que ellas no se enamoren de mí. De eso último no puedo dar fe ni tengo decisión sobre el asunto, pero sí puedo contar que en todos estos años fui perfeccionando mi forma de relacionarme con el género femenino. Casi podría decir que elaboré mi propia teoría y modo de actuar.

Lo que creo

Creo que el amor tiene diferentes etapas. Cuando sos chico y te enamorás por primera vez, es como un fuego que se enciende. Una llama intensa que mezcla pasión y amor en partes iguales. Pero a medida que pasan las relaciones, esa llama se hace un poco más chica, se va consumiendo. Después de enamorarme de Leticia y tener con ella a mis dos hijas, entré en una etapa vincular en la que ya no me enamoro. En la que comparto pasión, pero no amor.

Creo que tiene que ver con lo que uno necesita a medida que va creciendo. Cuando sos joven requerís más cuidado y contención, y la persona que tenés al lado te aporta mucho a nivel afectivo y hasta espiritual. Pero conforme el tiempo pasa, uno se va haciendo más autosuficiente. Al menos, es lo que me sucedió a mí. Empecé a apreciar la libertad y la soledad, y a entender que podía afrontar ciertas situaciones de la vida por mi cuenta, sin necesitar ese apoyo constante. Creo que eso me hizo más fuerte.

Mis vínculos hoy funcionan como relaciones abiertas. Cuando nos vemos, todo va muy bien, nos respetamos y divertimos. Y cuando no estamos juntos, nadie tiene ningún derecho a reclamar nada. No me meto en la vida de la otra persona más allá del momento que compartimos, salvo que ella me lo pida expresamente, requiriendo por ejemplo un consejo sobre alguna situación o algún tipo de ayuda.

En los últimos 10 años este tipo de vínculo se facilitó muchísimo. Las nuevas generaciones piensan de forma similar y no se escandalizan por la idea de salir con más de una persona a la vez ni tener relaciones abiertas. También las redes sociales y las aplicaciones como Tinder ayudaron a naturalizar esto. No uso *apps*, pero veo cómo su utilización cambió la mentalidad de la gente en general. Cuando era chico, si no tenías novia, o no le eras fiel y al cabo de unos años no te casabas con ella, eras el diablo. Hoy ya no existe esa culpabilidad, y las relaciones son mucho más relajadas.

Me parece muy importante mantenerse actualizado. La cabeza es como un *software*, el que cada cierto tiempo hay que poner al día, del mismo modo que lo hacemos con los sistemas operativos de las computadoras y los teléfonos. Para hacerlo, me gusta hablar con la gente joven. Esto mantiene fresca mi forma de pensar. Leo sobre las nuevas costumbres, miro la actitud de las personas, presto atención a cómo se relacionan. Al hacerlo, también me fui dando cuenta de que las nuevas generaciones están cada vez más cerca de esto que vengo pensando hace tiempo. Que frente a las crisis de pareja, la respuesta es la libertad en los vínculos.

El modus operandi

A esta altura, muchos se estarán preguntando cómo funciona mi método.

En principio, pongo desde el inicio las cartas sobre la mesa, contando qué tipo de relación busco, tanto en el sentido de que no será formal como tampoco exclusiva. Soy una persona bastante pragmática. Demuestro rápido cómo soy, y entonces las mujeres sienten enseguida que lo que ven es lo que hay y que no estoy ofreciendo un doble discurso. Eso genera dos cosas: una, que no se ilusionen con la idea de una relación más seria después; y dos, que si ese tipo de vínculo no les interesa, no pierdan el tiempo.

A pesar de esto, creo que me vinculo fácil, me hago querer. Y por eso, tener mujeres a mi lado nunca me fue difícil. La realidad es que en mi vida tengo abundancia: de mujeres, de negocios, de amistades, de contactos. Sí, puede pasar que haya quienes se acerquen por lo que tengo y por la posición en la que estoy, pero si la relación funciona y ambos nos divertimos, no es un problema. Eso sí, el único eje no tiene que ser el interés económico, porque si no, no hay sustento ni charla posible.

Hay ciertos aspectos que busco al relacionarme con una mujer. Cuestiones que hacen a mi *checklist* y que trato de no pasar por alto, porque son la clave para saber si vamos a congeniar. Por ejemplo, me importa mucho que sea independiente y autosuficiente. Que tenga ganas de progresar y cultivarse en la vida, y en ese sentido puedo no mirar tanto la foto del día como lo que puede llegar a ser después de un tiempo esa persona. Me importa que la mujer sea inteligente (las tontas me sacan de quicio), que tenga cultura general, que haya viajado y conozca el mundo, que tenga sentido del humor o por lo menos entienda el mío.

También me importa que tenga buena energía. Es que tengo la teoría de que todos tenemos una frecuencia, y de acuerdo a cómo vibramos en la vida nos vamos relacionando con gente que tiene frecuencias similares. En general, dependiendo el momento por el que estemos pasando, podemos estar un poco más arriba o más abajo de esa frecuencia con la que nacimos, pero nunca nos alejamos demasiado. A veces fantaseo con la idea de que exista un pequeño aparato que la mida para luego volcar eso en una base de datos de los seres humanos, y así todos podríamos relacionarnos a partir de este número. Todavía no existe, pero mientras tanto me gusta buscar aquellas personas que vibran de forma similar a mí.

Por el contrario, me apagan las mujeres materialistas, las que están muy en la fiesta y la joda, las que se drogan. Y sobre todo aquellas que no tienen madurez ni estabilidad emocional. Tampoco funcionan conmigo las celosas, por obvias razones; jamás me metí con una chica con novio o marido en relaciones tradicionales. Aunque cuando llevan un tiempo saliendo conmigo suelo recomendarles que también salgan con otras personas. Luego puede pasar que me vengan a pedir consejos sobre esas relaciones, y hasta me presentaron a sus novios e hice negocios con ellos. ¡Me hicieron ganar dinero!

Cuando era más joven, cambiaba seguido de compañía femenina. Pero con el tiempo entendí que la clave es profundizar en algunas relaciones, porque, si no, te quedás en la superficialidad y eso genera un vacío absoluto. Por más que no vayamos a casarnos ni a estar toda la vida juntos, es fundamental poder tener una conversación y en ocasiones poder hablar de temas profundos. Sobre todo si el vínculo dura a través del tiempo. Tengo a mi lado mujeres con las que llevo saliendo entre dos y tres años.

Por eso mismo, le escapo a las que en realidad están buscando alguien que las mantenga. Está lleno de chicas que buscan *sugar daddies*, pero cuando la relación se sustenta sobre cosas materiales, todo se torna superficial y solo es un sponsoreo. En cambio, me gusta estar con una persona con la que disfrutemos actividades en común, con la que haya cariño y a veces hasta admiración.

Aquel que mantiene a su pareja sabiendo que esa persona solo está en el vínculo por su dinero no me parece muy alejado del que paga prostitución. Y creo que eso lo hacen personas que lo único que pueden aportar a un vínculo es precisamente dinero. Porque sí, cuando no das lo suficiente, no queda otra que salir a billetear.

¿Qué ofrezco yo? Tengo mis armas de seducción, y creo que mi palabra es una de ellas. No hablo por hablar, y cuando digo algo, lo cumplo. Esto funciona con los negocios, la familia y también con las mujeres. Es que, en general, los hombres suelen prometer cosas o instaurar fantasías que luego no pueden cumplir. Y aunque esta estrategia puede ayudar durante un tiempo, después es un *boomerang* que regresa a pegarte en la cara. Esa sinceridad es una de mis mayores ventajas competitivas.

Además, soy sincero pero no cruel. Creo que de todo se puede hablar, no existen los tabúes, pero sí hay momentos y maneras de hacerlo. Podés decirle la misma cosa a una persona y hacerle daño y en cambio podés esperar y decírselo al día siguiente, de una forma más relajada, y lograr así que sea algo constructivo.

Por otro lado, me importa cuidar a la persona con la que estoy. Si tengo una relación con alguien, siempre trato de ver qué es lo que necesita y en qué puedo ayudarla. Como decía antes, soy bueno dando consejos, dadas mis distintas experiencias en la vida. Además, soy sano, tanto a nivel mental como físico, y sé lo que es hacer bien las cosas e ir hacia adelante.

Por qué ya no me enamoro

Conozco mujeres de muchas formas, pero mi preferida es cuando me las presentan amigos o gente en común. Ahí realmente sé que nos vieron algún punto de conexión, y es mucho más fácil que empezar de cero, el camino ya está allanado. Aunque también me llevé buenas sorpresas con ciertas invitadas cuando organizo las comidas en casa.

Una vez que nos conocemos, lo que sigue es una especie de amistad con beneficios. Podemos tener algunas citas, pasarla bien, compartir salidas y la cama algunas noches. Contrariamente a lo que pueda pensarse, soy cariñoso y me gusta la compañía. Si alguien se queda a dormir conmigo, no me levanto deseando que se vaya a su casa. No siento ese rechazo típico de, una vez que el sexo terminó, querer que se pida un taxi. Por mí, esa persona se puede quedar todo el tiempo que quiera. No soy claustrofóbico y me gusta la compañía femenina. Me encanta sentir que tengo a alguien con quien estar y charlar.

De hecho, en mi vida en general, me gusta más estar con mujeres que con hombres. Fui siempre muy feliz siendo el único hombre entre Leticia y las chicas; ahora tengo a Carmen como ama de llaves en casa y en la empresa me rodeé de equipos femeninos. Me gusta la energía que emanan. También me gusta estar acompañado para ir a comer, para viajar, para vivir nuevas experiencias.

También, contrariamente a lo que podría pensarse, soy un tipo romántico. Me gusta planear una buena cena, mirar una linda luna, salir a caminar y disfrutar de estar inmerso en la naturaleza. Disfruto mucho cuando tienen gestos románticos conmigo. En mi cumpleaños, prefiero un chocolate y una nota amorosa a cualquier otro regalo. Quizás eso sea el verdadero romanticismo, los pequeños gestos cotidianos que alegran la vida diaria.

Suelen hacerme la pregunta de cómo puede ser que en todos estos años no me haya enamorado de ninguna de estas mujeres. Les respondo que hago un ejercicio muy rápido: cuando conozco a alguna, me pregunto "¿quiero que esta mujer viva conmigo las 24 horas?". Y la respuesta siempre es no. Siento que sería muy difícil, sino imposible, encontrar una mujer que me acompañe en mi velocidad mental, en mi locura de viajes, en mi estilo de vida. En todo este tiempo, ninguna me movilizó como para sentirme enamorado.

Una de las cosas más fundamentales que me trajeron los años fue aprender a distinguir entre pasión y amor verdadero. Y hoy lo hago en cada uno de estos vínculos. Por eso lo que entablo es más una amistad en la que pasamos tiempo de calidad juntos. Podría decir que perdí la esperanza de encontrar una mujer para siempre. Y en realidad, si me miro desde afuera, ¿qué mujer querría estar con un hombre que solamente quiere divertirse?

Cómo veo las relaciones y el matrimonio

Creo que nadie pertenece a nadie. Todos somos libres de espíritu, libres de pensar como queramos y de amar y dejar de amar a quien queramos. También, de tener más de un interés afectivo y sexual sin que la otra persona piense que por eso la dejamos de querer. Siempre y cuando no se moleste ni lastime al otro, cada uno tiene derecho a hacer lo que quiera.

En este sentido, veo al matrimonio como un concepto obsoleto, y siento que hay que plantear un nuevo sistema. Si para manejar hace falta un test, tal vez para casarse también. Las personas deberían demostrar antes ciertos conocimientos sobre el área afectiva y la inteligencia emocional. En ese test se podrían detectar un montón de características que luego podrían derivar en un formulario de matrimonio. Porque después de todo, el matrimonio es un contrato. Pero su problema es que es siempre el mismo. Para comprar una casa tenemos varios modelos, pero para casarnos hay uno solo. ¿Por qué?

Mi propuesta sería adaptar las características del test para que cada contrato sea individual a cada pareja. Así, se puede marcar si uno quiere fidelidad absoluta, o, en el caso de no quererla, determinar cuántos permitidos mensuales puede haber. Con este tipo de características se puede armar un contrato a la medida que luego ambos puedan firmar sabiendo perfectamente a qué están suscribiendo. Creo que esto es mucho más lógico que firmar un contrato leonino "para toda la vida", en el que nadie sabe realmente qué va a sentir de acá a uno, dos o cinco años. Y en este sentido, creo que debería haber una renovación cada cierta cantidad de tiempo. Puede ser anual (las cosas pueden cambiar mucho en un año), o cada dos o tres. La premisa es tratar de renovarse, porque donde no hay renovación, todo se estanca.

También es normal que en las parejas el sexo se acabe. Es sabido que después de los primeros años de matrimonio, el tema sexual deja de ser tan importante y aparecen otras cosas que ocupan ese lugar de importancia. Y la verdad es que no me parece normal dejar de tener sexo: el cuerpo precisa ese impulso. Pero en la rutina y el acostumbramiento es fácil que las ganas decaigan. Por eso, siento que la mejor solución es recurrir a otras personas y tener la cabeza lo suficientemente clara para poder separar la pasión de los sentimientos. Porque llega un momento en la vida en el que uno no se acuesta por amor, sino por placer o necesidad. En el que el sexo es sexo y el amor es amor. Y aunque el sexo con amor es la mejor versión, no dura para siempre.

Soy una persona que nació prácticamente sin límites. Ni en la religión ni en la sociedad. Me parece fundamental respetar a los demás y vivir bajo un contrato social, pero sobre todo creo en la libertad. Entiendo que los amores son circunstanciales: hoy te quieren, mañana tal vez no. Nadie tiene garantizado el afecto del otro para toda la vida. Aunque, en mi caso, trato de convencer a las mujeres de que, salvo que se enganchen con alguien y quieran exclusividad, lo nuestro puede durar para siempre.

Capítulo 13

Mi vida con el arte

¿Que si a mis padres les interesaba el arte? Basta con saber que me llamaron Sebastián por Johann Sebastian Bach. Sí, la música estuvo en mí desde el nacimiento.

A mi padre le encantaba la música clásica, y en casa se escuchaba permanentemente. Algo que, según la ciencia, ayuda a poner el cerebro en "modo alfa", favoreciendo así el enfoque, la concentración y la capacidad de aprendizaje. Puntos sumamente vitales para la estimulación de los niños. Además, claro, de que es una música muy placentera y tranquila, con la que es muy agradable convivir.

Ese primer contacto me abrió luego las puertas al mundo del jazz, un género que me encanta. Empecé a ir a conciertos cuando tenía 18 años y estaba estudiando en Boston. Tenía muy cerca a la mejor escuela de jazz del planeta, la Berklee College of Music, y ahí pude escuchar a ciertos artistas incluso antes de que sean muy famosos. Por ejemplo, a Bobby McFerrin, que hoy es conocido por el éxito "Don't worry be happy", pero en sus inicios hacía música muy experimental, todo a capella. Eso hizo que me enamorara de la voz al natural, y más adelante me interesara mucho también por la bossa nova.

Otros grandes que tuve el honor de escuchar en aquella época fueron Miles Davis, Dizzie Gillespie y Marvin Gaye, entre muchos otros. Vi en vivo a todas las orquestas famosas; ser testigo de ese talento desde tan chico me voló la cabeza.

Viajé varias veces a New Orleans a causa del NATE, la National Association of Television Producers, una feria anual que se hace a fines de enero. Aproveché esas ocasiones para comer la comida típica de la zona y también para escuchar jazz, ya que tienen una gran tradición (de hecho, se dice que aquí nació). Pero aunque es una versión muy rítmica y bonita, no es mi preferida.

Tengo dos lugares favoritos en el mundo para sentarme a escuchar jazz. Uno es Blue Note, en Nueva York, en la zona del Village. El otro es Ronnie Scott's Jazz Club, en Londres. Cuando estoy en esta ciudad, mi programa ideal es ir a cenar y luego sentarme aquí a escuchar jazz. Puedo llegar a ir todos los días de mi estadía. Incluso, aunque suele haber cuadras de cola y muchísimos turistas, la recepcionista ya me conoce y me hace pasar: siempre hay mesa para mí. Estas son las mejores dos ciudades del mundo para escuchar este género, tanto por las bandas e intérpretes que se presentan como por la increíble calidad del sonido.

Sé que Buenos Aires de a poco va ganando su propia tradición en jazz, y por eso también me gusta explorar lo que propone. Últimamente me entrego mucho a las sesiones que se hacen en el sótano del Hotel Meliá, muy cerca de casa. Los jueves, viernes y sábados tienen artistas invitados y escuché a muchos muy buenos, de aquí y del mundo. El plan de sentarme, comer algo y dejarme llevar por la música me parece imbatible.

Un coleccionista en pausa

Mis padres también tenían bastante arte en casa. Les gustaban los artistas más bien clásicos, y hasta contaban con un Modigliani y un Picasso. También había obras de Carlos Torrallardona, Raúl Soldi, Ubiraci Pinto y algunas esculturas africanas. De chico, nos llevaron a mis hermanos y a mí a todos los museos importantes del mundo, como el Louvre, en París, el Met, en Nueva York, o el Museo del Prado, en Madrid.

Ya en mi época de estudiante universitario, cuando viví en París por tres meses, estudié Historia del Arte, y profundicé en los diferentes museos que ofrece esta ciudad. El Musée d'Orsay, el Rodin, el de Arte Moderno, el de Picasso... Los visité todos.

Como adulto me interesó sumar un costado cultural a todos mis viajes. El MoMA de Nueva York y el Guggenheim de Bilbao son otros de mis preferidos. De más grande también comencé a asistir a ferias de arte, sobre todo en Miami. A Art Basel, en aquella sede, fui más de cinco veces, y hasta accedí como invitado VIP, pudiendo ingresar al *soft opening*, cuando aún no está abierto al público pero invitan a un grupo selecto. Esa invitación no puede ser comprada, pero sí es posible comprar alguna obra antes de que el público general pueda verla. Es la feria más importante del mundo, y cada vez que fui salí fascinado y muy movilizado.

En una edición conocí a Marco Glaviano, un fotógrafo italiano inmensamente talentoso al que me presentaron en un cóctel exclusivo en el marco de la feria. Él estaba con Cindy Crawford, con quien me pude sacar una foto. Luego le hice una oferta por una de sus obras, pero por desgracia no llegamos a un acuerdo.

También tuve un encuentro muy genial con otro gran artista. En mi época en la que vivía en Miami y tenía la agencia de marketing, me tocó tomar el primer vuelo de la mañana a Nueva York. Estaba en el primer asiento, del lado del pasillo. Y a mi derecha se vino a sentar un señor de pelo blanco y barba gris, con todos los pantalones salpicados con pintura, muy canchero en su look descontracturado. Venía con cara de cansado y le preguntó a la azafata primero y luego a mí si podía acostarse en el piso, en el espacio entre los asientos y la pared que hay en la primera fila, a dormir un poco. Le dije que no tenía problema, y se acostó a dormir alrededor de una hora, con un bolsito como almohada. Cuando se despertó y sentó comenzamos a charlar. Me contó que se llamaba Thierry Guetta, y resultó que era Mr. Brainwash, uno de los artistas más importantes de Estados Unidos, conocido por su arte urbano y sus graffitis. Estuvimos hablando de su vida, de sus obras, de su colaboración con Banksy y cómo pintaban en la calle. Fue uno de los vuelos más interesantes que tuve.

En mi casa de Buenos Aires tengo una cierta colección de arte. ¿El criterio? Artistas contemporáneos argentinos. Uno de mis preferidos es un retrato grande de José de San Martín hecho por el Grupo Mondongo con papel glacé. Me considero un coleccionista, aunque hoy estoy en pausa, porque hace un tiempo que no compro ni vendo. La verdad es que no me importa el valor de estas obras, ni por el artista ni por su costo, sino que las elegí pensando en que debían poder convivir conmigo y hacerme feliz todos los días. Tengo algunas hace 15 años, y puedo decir que no me equivoqué. Las miro y es como un oasis, un refugio. Es como la belleza de una mujer, una creación que es imposible dejar de admirar.

Personalmente, exploré la fotografía un tiempo, cuando era más joven. Hice un *minor* en Fotografía en la Universidad de Miami. Saqué muchas fotos en Nueva York, pero nunca supe armar una colección, aunque revelaba en blanco y negro. Sin embargo, es un tipo de arte que me gusta mucho. En la casa de Carmelo tenía una serie en blanco y negro de unas gotas gigantes que me encantaban.

En Argentina participé en arteBA, la feria más importante de la industria, en varias oportunidades. También soy muy amigo de un galerista muy exitoso en la escena local, Daniel Maman, que a su vez tiene galería en Miami. Y también suelo recorrer otras como Zurbarán, representante de grandes artistas argentinos.

No estoy seguro de qué fue lo que sucedió con todas las obras que tenían mis padres. Luego de que murieron, no quise saber demasiado. Solo sé que algunas se guardaron muchos años en un depósito, hoy no sé dónde estarán. No era un recuerdo que quisiera tener en casa, y preferí no mezclar su estilo con el mío. En general, soy un hombre que siempre mira hacia adelante. De hecho, apenas me quedé con un encendedor y un estuche para guardar los cigarros que eran de mi padre. Prefiero quedarme con los recuerdos en la cabeza y en el corazón.

Extender el legado

A mis hijas también traté de legarles el amor al arte. Por eso, en cada viaje nos hacemos un rato para visitar museos. Me parece muy importante tener un conocimiento global. Yo les planto la semilla y, si les interesa, más adelante en la vida profundizarán. Como lo hicieron mis padres conmigo, algo que hoy agradezco enormemente. Creo que más allá de la sensibilidad que pueda tocar el arte, es bueno contar con esa base de cultura general para poder manejarte en distintos ámbitos de la vida. Por algo en las universidades de Estados Unidos los primeros años son más bien genéricos, casi pareciera que no aprendés mucho de nada, pero al final estás aprendiendo un poquito de todo. Y eso también es fundamental.

La semilla prendió en las chicas con el mundo de la música. Especialmente con Clarita, la menor. Ella toca el piano y la batería y canta, además de haber estudiado por muchos años baile. Por estos días también está empezando a componer, y está grabando sus primeros temas con un productor que vive en Miami. Desde muy chica está enamorada del mundo de la música, y es apasionante verla cantar. Yo siempre fui muy malo cantando o tocando instrumentos (aunque hice clases de guitarra bastante tiempo), así que me hace muy feliz que ella pueda desarrollar ese don.

Aunque no puedo evitar ser realista: le dije que nunca deje de hacerlo, pero que por favor también estudie una carrera más formal. Que nunca deje de lado su pasión, pero que tenga una profesión, porque es muy difícil vivir de la música. Así que en paralelo estudia Marketing.

Mis pendientes

Desgraciadamente, no todas las artes me atrapan. Leer más literatura es uno de mis pendientes. Quizás mi reticencia tenga que ver con lo mucho que me hicieron leer en el Liceo Francés, o con que pronto en la vida me involucré en el mundo cinematográfico y tuve mucho más que ver con lo audiovisual. O tal vez con que me paso el día leyendo noticias y cuestiones de política internacional, muy alejadas de la ficción (aunque ojalá lo fueran).

Del modo que sea, hoy de lo único que leo es de Estados Unidos, Rusia, China... Y sigo con atención el resumen de noticias diario que hace en YouTube Jaime Bayly, para mí el mejor periodista de habla hispana del planeta.

Otro de mis pendientes o deudas en la vida es la actuación. Y por eso, disfruto mucho yendo a ver a otros actuar. Soy un gran amante del teatro, especialmente en Broadway y en Londres, donde me gusta buscar, además de los grandes éxitos, las obras más chiquitas y frescas, las disruptivas. Me gusta descubrir pequeñas joyas.

Me hubiera encantado ser actor. Hace unos 10 años tomé clases de teatro por unos meses, pero la parte de memorizar los textos no me resultó tan simple. Terminé pensando que serviría más para entrevistador espontáneo... También estudié *stand up*, un género que me gusta mucho y que suelo ir a ver al teatro. Pero, nuevamente, cuando llegué a la parte de sentarme a escribir mi propio monólogo, me trabé. Me considero bueno para la oratoria; nunca tengo problema en hacer presentaciones, conducir eventos corporativos o realizar el brindis en las fiestas familiares, pero creo que hasta ahí llego.

Aunque nunca se sabe, creo de verdad que en cualquier momento uno puede empezar algo nuevo. Y eso es lo lindo de la vida, que mientras estemos vivos siempre hay tiempo de levantarse y decir “hoy voy a emprender esta aventura”.

Capítulo 14

Una vida cinco estrellas

Desde chico, fui una persona muy materialista. Ya conté cómo les armaba listas eternas a mis padres para que me trajeran todo tipo de regalos de sus viajes. Me importaban las posesiones, y quería poder trabajar para ganar mi propio dinero y tener más cosas. Fue exactamente así como tracé los primeros años de mi vida.

Quizás el materialismo sea algo inherente a los chicos. Ves algo, te gusta y lo querés tener, sin demasiada conciencia de lo que cuesta conseguirlo. O tal vez no en la medida en que yo lo fui, porque mis hermanos no tuvieron esas exigencias con mis padres. Quizás tenga que ver con la época: nací en los años en los que empezaban las publicidades. Soy de la primera generación que nació con la TV. De alguna manera, fui un hijo dilecto de la sociedad de consumo.

No reniego del dinero. Entiendo que puede facilitar la vida y que es un gran recurso para alcanzar los sueños y desarrollarse. Con el tiempo fui aprendiendo para qué sirve verdaderamente, qué es realmente lujo y dónde está la felicidad. Suena a cliché, pero después de haber visto absolutamente todo y haber tenido mucho, hoy elijo menos. Después de haber viajado por el mundo, de haber comido y haber bebido en los restaurantes más caros y prestigiosos, de haber estado dentro de los yates más importantes del planeta, de ver abrirse puertas a las que pocos llegan, después de haber tenido barco con marinero y avión privado con piloto, hoy me siento del otro lado del mostrador y prefiero una vida más simple.

Pero no siempre fue así.

Mi encuentro con Trump

En esta relación con el dinero, en mis años de estudiante en Estados Unidos admiraba mucho a Donald Trump. En 1997 ya había leído *The art of the deal*, el libro que escribió cuando lanzó la primera Trump Tower. Una obra en la que habla sobre la forma en la que lleva sus negocios, su forma de hacer *networking* y hasta su trato con sus competidores y enemigos, así como sus 11 reglas para el éxito. Para mí era un gurú, un gran vendedor de sí mismo, un millonario que se había vuelto billonario y del que había mucho que aprender. Los escándalos en los que se metió después son otra historia, pero a mis 20 años aún era una figura para idolatrar.

Conociendo mi admiración, un amigo que trabajaba de mozo en un restaurante de lujo de Miami me llamó para contarme que ese viernes tenían una reserva para Trump. Me pareció el momento perfecto para conocerlo y pedirle sus consejos para mi carrera, así que le pedí a otro amigo que me acompañara y me dispuse a ir ese viernes a The Forge en Miami Beach.

Para corroborar los datos y la hora, llamé al lugar por teléfono. Me hice pasar por alguien del equipo de seguridad de Trump y les pedí que me reservaran una mesa para dos al lado, para cuidarlo. Lo hicieron.

Ese viernes armé una carta contándole a Trump lo que estudiaba, qué soñaba para mi vida, por qué lo admiraba y cómo estaba dispuesto a trabajar gratis para él (durante un año) porque me interesaba aprender y crecer a su lado. Y me puse un traje y enfilé con mi amigo hacia el restaurante.

Cuando llegamos, vimos que al lado de nuestra mesa había una grande y central, todavía vacía. A los minutos llegó la comitiva de Trump. Pero no estaba Donald. En cambio, había un señor más anciano, y enseguida lo relacioné con su padre, Fred, también un hombre poderoso, el que primero había dado origen a la fortuna de la familia. Así que decidí darle la carta a él, y pedirle que se la diera a su hijo.

Esperé al momento en que este señor fuera al baño, y cuando sucedió, lo seguí y me presenté. Le dije que sabía que su hijo no había ido a la comida, pero si de todos modos le podía hacer llegar mi carta. Con atención, la tomó, la leyó, y finalmente me dijo que él no era parte de la familia de Donald, pero sí era Trump de apellido. Y mientras mi cara se empezaba a transformar por la decepción, me contó que era parte de los Trump de Florida, una rama que en verdad es mucho más poderosa. También me anunció que le iba a dar esa carta a su propio hijo, que manejaba negocios de alta escala de inversión. Le agradecí mucho y volví a mi mesa.

Las casualidades de la vida quisieron que, 20 años más tarde, cuando tenía la agencia Multitalent en Miami y le vendí mi oficina de South Beach a Elite Models, el dueño fuera el hijo de ese Trump. El día que lo fui a conocer le conté esa historia con su padre, pero no me dio demasiada bolilla.

A la vez, algunos años después finalmente conocí al verdadero Donald Trump en su mansión de Mar-a-Lago, en Palm Beach. Me invitó a comer un cliente de la agencia de marketing que tenía en Miami, el director de Newsmax TV, un medio de comunicación que estaba a favor de Trump. Cuando terminé de comer, vi que Donald estaba con Melania sentado al lado. Me llevaron a saludarlo y hablamos de Mauricio Macri, en ese momento Jefe de Gobierno de la ciudad de Buenos Aires, y me dijo que le parecía muy interesante que estuviera presentándose para ser presidente de Argentina. Me pidió que la próxima vez que lo viera le dijera que tenía un cheque en blanco para él, ya que en el pasado había hecho negocios en Nueva York con el padre, Franco. Cuando volví al país, llamé a Mauricio y le dije que Trump lo quería apoyar y darle un cheque. Recuerdo que se rió y me dijo "no importa mucho, sus cheques no tienen fondos...".

Mis casas sobre el agua

Siempre me gustó la náutica. A mis 17 años quedé fascinado con el Río de La Plata cuando salí a hacer esquí acuático con unos amigos. Nuestro río es uno de los lugares más lindos del planeta; la gente no tiene idea. Es un estuario que se abre en miles de islas; solo hay otro paisaje igual en el mundo, ubicado en Egipto, en la desembocadura del Nilo. Gracias al caudal de agua que llega desde el Amazonas, se forman unos ríos gigantescos que se abren en distintos brazos y generan paisajes increíbles. Si tuviera agua transparente, sería paradisíaco, como un rincón del Caribe. Un error común que comente la gente es creer que está sucio; en realidad ocurre que el lecho es arcilloso, y cuando se revuelve con el movimiento, se torna marrón. Aunque muchos dudan en sumergirse, yo me baño fascinado.

A los veinti cortos saqué el carnet de timonel. Primero tuve una lancha compartida con mi hermano, una Bermuda Marama. La disfrutamos un tiempo, hasta que a él no le interesó más y le compré su parte. Más tarde, compré el Blue Rock, un barco de madera de 12 metros que requería un tripulante de a bordo. Ahí tenía mi parrilla y hacía asados, invitaba a amigos, salíamos también con una moto de agua, pasaba momentos románticos y aventuras, y muchas veces me iba hasta Carmelo, en el Uruguay.

En los barcos uno vive cosas, es una experiencia mucho más intensa y personal que la que podés tener con un auto. A veces pasás días enteros y disfrutás diferentes situaciones con diferentes personas. Vi los atardeceres más increíbles de mi vida arriba de un barco, con reflejos en el agua dignos de cuadros. Hacerme un asado, tomarme un vino y fumarme un cigarro con esos escenarios naturales siempre me parecieron lujos dentro del lujo. Tener un barco es realmente como tener una casa sobre el agua. De hecho, creo que por eso requieren escritura, igual que si fueran una propiedad en la tierra. Y me parece una alternativa perfecta a una casa de fin de semana en un country. Te lo dice alguien que llegó a pasar 15 temporadas de verano arriba de su barco en el puerto de Punta del Este.

En Argentina, mi lugar favorito para navegar es un lugar llamado Los Bajos del Temor. Se llega pasando Paraná de las Palmas, y es un sector muy tranquilo en el que puede verse la caída del sol con una vista privilegiada. Es perfecto para fondear ahí y pasar la tarde. Bañarse y comerse un asadito a bordo. Otro de mis planes favoritos es ir a Gato Blanco, un restaurante en el río al que llegás en tu barco o lancha hasta un cierto punto y ellos te buscan en una pequeña balsa. Ahí podés comer muy buena carne y, por mi simpatía y mis contactos, hasta me dejan llevar vinos que no están en la carta, así los puedo disfrutar en ese entorno maravilloso. Es uno de mis programas preferidos para hacer en primavera, verano o principios de otoño.

Después de Blue Rock llegó La Makara, y luego dos o tres embarcaciones más. Durante muchos años, a cada barco le seguía uno más nuevo y más grande. El más importante se llamó El Juma, y era de 72 pies (21 metros). Tengo unas memorias maravillosas con él. Incluso tuve uno en la marina de Miami Beach que se llamaba El Topo. Lo usé casi todos los fines de semana en los años en los que viví allí. Me iba hasta Key Largo. Llegaba hasta Ocean Reef, uno de los clubes más exclusivos del sur de la Florida. Tiene tres canchas de golf y una pista de aterrizaje para jets privados, es común que los fines de semana lleguen todos los poderosos de Nueva York.

Hasta que llegó un momento en el que sentí que los dolores de cabeza que me traían eran superiores al disfrute. Es que los barcos traen sus complicaciones: si en una casa siempre hay mantenimiento por hacer, en un barco es infinitamente peor, porque se mueve y vibra, y en esa vibración se van rompiendo cosas con mucha mayor velocidad. Los gastos son extremadamente altos, y además no siempre es fácil conseguir un marinero responsable que te acompañe.

Por eso, hoy tengo una lancha. Se llama Beluga, y está alojada en una guardería en Tigre. Tiene un motor fuera de borda que me permite ir incluso por lugares bajos y que, de romperse, es un problema que está afuera del barco y no adentro. Una diferencia sustancial. Lo que tengo hoy es como un auto, porque me basta ir y encenderlo para que funcione a la perfección. Aunque es un poco mejor: tiene camarote y un baño, por lo que puedo pasar la noche cuando y donde quiera.

Alto en el cielo

En un momento de mi vida, precisamente en mitad de este romance con los barcos, decidí que también quería comprarme un avión. Empecé a investigar en páginas de venta de distintos modelos y de pronto me crucé con uno anfibio. De la marca Lake, no es la clásica versión con pontones en la que uno pensaría, sino que puede amerizar de panza. A simple vista, parece un avión normal, pero también puede acuatizar y tiene su hélice en el techo. Y claro, como tenía barcos y me encanta el agua, me pareció espectacular esa intersección entre ambos mundos. Así que lo compré.

En esa época también tenía una casa muy grande en Puerto Panal, Zárate. Estaba recién casado y nos habíamos hecho traer todos los muebles de Indonesia, con decoración de estilo oriental. También tenía una pileta olímpica de 25 metros absolutamente calefaccionada, y un sauna al lado. Ese mismo country terminaba sus 500 hectáreas en una barranca hacia el río en la que tenía un puerto, donde amarraba mi barco de aquel momento. Además, al lado había una pista de aterrizaje de pasto con un hangar, donde guardaba mi anfibio.

En todo este marco, me encantaba invitar amigos para salir a las 8 de la mañana en el avión, aterrizar en la isla

Martín García, bañarnos un rato en el agua y después volver a la casa a comer un asado. A veces a la tarde volvía a levantar vuelo con otros tres amigos que quisieran vivir la experiencia.

Para tenerlo, hice el curso de piloto con las 52 horas reglamentarias, pero no volé tantas veces solo, sobre todo en viajes más largos. Sabía que no era mi fuerte y que un error en ese marco te puede costar la vida, así como la de tus acompañantes. Por eso no arriesgaba, y de hecho me divertía mucho más tener un piloto que nos llevara, y poder ir tomando una copa de vino y disfrutar el viaje desde el mismo inicio. Un gran plan era irnos a San Martín de los Andes o a Bariloche a jugar al golf, pasar la noche y volver.

Con el Lake no tenía tanta autonomía, así que al tiempo lo llevé a Estados Unidos, lo vendí y compré uno más grande: un bimotor Piper Navajo Chiefltain con capacidad para 7 pasajeros. Con ese avión podía volar hasta 1300 kilómetros, y hacer por ejemplo Buenos Aires-Porto Alegre *non stop* sin problema. Con cabina grande y alta, era un placer.

Y no solo me daba gustos viajando con el avión, también cuando viajaba con otros de línea lo aprovechaba. Porque cuando llegaba al aeropuerto de Ezeiza, en vez de subirme a un auto, me hacía llevar hasta Aeroparque. O a veces directamente me iba a mi casa de Carmelo a descansar.

Al igual que los barcos, en un momento decidí vender el avión a causa de los gastos y la enorme estructura de mantenimiento que implicaba. Hoy se sabe que si un avión se utiliza menos de 30 horas por mes, siempre es más conveniente alquilar. Pero en ese momento no existía esa opción, y además me gustaba la idea de que fuera solo mío.

Lujos de jeque árabe

Otros lujos que me di fueron los relojes. Hublot y Audemars Piguet fueron siempre mis marcas preferidas, y hubo momentos en los que invertí mucho en el modelo que llevaba en la muñeca. Viví la época en la que había que tener un reloj para el traje, otro para el jean, otro para el smoking de gala... Caí en esa ostentación, tuve varios relojes de oro muy llamativos. Hoy me quedo con uno de Audemars Piguet súper discreto, con un cuadrante de oro blanco que pasa desapercibido pero a mí me encanta. Invierto en cambio en el mejor Apple Watch, que mide mis pasos, mi ritmo cardíaco, mi salud. Tiene correa naranja y lo veo súper creativo.

De muy joven, me compré mi primer auto con mis ahorros (el que tenía en Estados Unidos había sido un regalo de mis padres). Tenía US$10.000 y quería un convertible, pero no me alcanzaba para un cero kilómetro. Así que empecé a buscar entre los usados, y di con un Triumph TR7 hermoso en un concesionario de Vicente López. Mandé un mecánico a revisarlo y me dio el visto bueno, así que lo compré. Pero a las cinco cuadras de marcha, lo fundí. Sucedió que cuando habían chequeado el radiador, vieron que tenía agua arriba, pero no se habían fijado si estaba purgada en todo el circuito. Y resultó que no. Empecé entonces una pelea larga con el concesionario, que juraba que me lo había dado en condiciones... Una pelea que por supuesto no gané, porque una vez que pagaste y firmaste todo, olvidate de tener la razón.

¿Cómo siguió la novela? Duró un par de años, durante los cuales traje muchísimos repuestos de mis viajes por trabajo a Londres. Una vez hasta tuve que buscar una caja de cambios en un desarmadero londinense, pesaba 80 kilos y en el aeropuerto no podían entender qué llevaba en la valija... Recuerdo que tuve la intención de correr las 1000 Millas, la carrera más importante de autos clásicos que tiene lugar en la Patagonia, y después de haber hecho poner el auto a punto en el taller, se me apagó cuando volvía del mecánico, circulando por la avenida Lugones. Ese Triumph TR7 fue el dolor de cabeza más grande de mi vida, aunque también fue un hito de mi independencia. A los dos años me resigné y decidí vendérselo a un amigo, al mismo precio al que lo había comprado; todavía lo recuerdo con cariño.

También tuve varias motos. Cuando estudiaba en Estados Unidos, tuve una Honda 300. Y era un desquiciado manejando automóviles. Podía hacer un trompo en el Wilshire Boulevard de Los Ángeles sin que se me moviera un pelo (por suerte no había cámaras y nunca me pasó nada). En Argentina tuve triciclos y cuatriciclos, y también una moto BMW en el campo, pero, como era tan pesada, un día se me patinó en el agua y tuve una caída. Desde entonces, elegí no tener ninguna más.

Comprar propiedades fue otra de mis pasiones por mucho tiempo. Recuerdo especialmente las oficinas que armé en Blue Sky, el que para mí es uno de los mejores edificios de Buenos Aires, sobre avenida del Libertador, en Recoleta. Había puesto una pecera de 6 metros de largo por 1,50 de ancho, y después de ponerla empecé a tener miedo: en el piso de abajo estaban las oficinas de AOL, con 200 computadoras, y por las noches me quedaba despierto pensando qué pasaría si el peso era demasiado y la pecera cedía y rompía el suelo. Para cortar de raíz con mis desvelos tuve que ir a buscar al calculista que había construido el edificio para que me dijera exactamente cuánto podía ser el mpor peso.

Por suerte el cálculo estaba bien, y pude volver a dormir tranquilo.

En Miami compré varios departamentos de gran categoría. Por ejemplo, el Santa María, sobre Brickell Avenue, donde vivía en el piso 33 y tenía una vista 360° a la ciudad. El departamento tenía 600 mts y 300 de terraza que daban toda la vuelta, podía ver desde el puente ondulado a Key Biscayne y la bahía. Entre mis vecinos estaba Ricardo Arjona.

Durante tres años también viví en el Four Seasons de Miami, en el piso 65, el más alto de toda la ciudad. Ahí me malcriaban al máximo: podía volver a las 11 de la noche de un viaje, tocar un botón y que llegaran de *room service* a ponerme una mesa impecable y servirme ostras con champagne. Me sentía un jeque árabe.

Vivir con menos

Podría señalar con bastante precisión el momento en el que hice el click y empecé a preferir vivir con menos. La vida misma me fue acomodando.

Cuando salí de la corporación internacional y empecé a dedicarme a mis propios emprendimientos, porque por contrato no podía volver a competir en las mismas ligas, me despojé. Me tomé un año sabático y lo usé para repensar muchas cosas, entre ellas mi forma de vida. Estar más tranquilo me permitió reflexionar y redefinir con claridad mis objetivos y ocuparme más de mi familia. Llevaba muchísimos años con enormes dosis de estrés, por haber trabajado desde tan chico. Y esa presión tardó casi dos años en irse de mi cuerpo. Pero finalmente lo logré, y empecé a sentirme más liviano.

Comencé a conectarme más con mis valores y con las cosas que se disfrutan más allá del dinero. Hoy entiendo que lujo es todo aquello que viene después de poder pagar las cuentas. Sí, mis cuentas son altas, pero el resto es bonus. Lo es una buena botella de vino, un cigarro, un viaje en familia. También poder practicar ciertos deportes sin que me duela nada. El otro día volví a jugar al golf después de 10 años, a causa de mi gran lesión, y me pasé cinco horas y media caminando, haciendo 18 hoyos en un día de sol radiante y respirando aire libre en un parque pleno de verde. Esas experiencias le hacen bien a la cabeza y son placeres indispensables. Después de esa caminata quedé hecho pelota, pero feliz.

Quizás mi lujo actual sea mantener mi casa como un Four Seasons. Con flores en los floreros, limpieza impecable, platos *gourmet* en la mesa, una cama con sábanas y comodidad de un cinco estrellas. Hoy me siento mejor en mi casa que en cualquier hotel del planeta.

Así es como educo a mis hijas. A diferencia de mi materialismo como niño, ellas no están pendientes de las marcas ni se desviven por el último ítem de moda, sea un teléfono o una cartera, probablemente porque pude estar más con ellas de lo que lo estuvieron mis padres conmigo. Suelo repetirles que es vital que puedan trabajar y ganar su propio dinero, ser independientes desde jóvenes, porque eso te enseña pronto cómo funciona el mundo y te planta de otra forma en la vida.

Existe una gran confusión con respecto a qué vale y qué no. El marketing se lleva todo puesto, y cuesta entender que una cartera diseñada por una artista es una pieza única y puede ser mucho más valiosa que una de Louis Vuitton de

US$5000. ¿Qué es lujo y qué no? Es subjetivo para cada quien y varía según los usos y costumbres, pero me gusta pensar que hoy estoy más cerca de ser el que disfruta con una comida simple pero rica que del que espera las ostras en bandeja. Después de conocer cómo se vive en varias vidas, elijo la más tranquila y sencilla.

Capítulo 15

En la vida, ni culpa ni miedo

Una de mis mayores filosofías en esta vida es la de no tener ni culpa ni miedo. Me gusta esa frase que dice que todo lo que queremos está del otro lado del miedo, y trato de aplicarla a diario. Porque cuando digo que trato de no tener miedo, no significa que no lo tenga, sino que avanzo a través del miedo y a pesar de él.

Sin embargo, es cierto que en general no soy una persona miedosa. Tenía apenas 13 años cuando pedí irme a esquiar solo a Suiza, porque algo dentro mío me pedía vivir nuevas experiencias. Creo que lo que me empuja es que encaro las cosas pensando en el lado positivo. No pienso en todo lo que podría salir mal, sino que me enfoco en lo bien que podría resultar si todo se da como imagino.

Con esto no quiero decir que sea un kamikaze que se arroja a cualquier aventura o desafío sin pensarlo demasiado. Tengo límites y no encaro cualquier meta. Pero esos límites no están tan regidos por mis miedos como por una cuestión básica de supervivencia.

Primera y única vez

Un gran ejemplo fue la primera y única vez en la vida que me tiré en paracaídas. Algo arriesgado, pero que sentí que tenía que hacer una vez, y que no repetiría.

En el verano de 2023, mi sobrino Leonardo, hijo de mi hermano, me convenció de tirarme en Punta del Este. Estábamos tomando algo con él y su padre en el casino de Enjoy cuando me contó que al día siguiente se iba a tirar. Me relató que lo hacía todos los años, y cuando le dije que me parecía fascinante, me ofreció ir con él. Sin pensarlo demasiado, le dije que sí. A la mañana siguiente me levanté temprano, lo pasé a buscar y nos fuimos al aeródromo de El Jaguel, donde nos esperaban un avión Cessna y dos instructores.

Emprendimos vuelo y comenzamos a subir. Cuando llegamos a los 10.000 pies, todo se veía diminuto. La isla Gorriti era apenas un punto en el agua. En ese momento se abrió la puerta y comenzó a entrar un viento frío. El instructor que estaba atado conmigo me dijo que era nuestro turno. Me empecé a arrepentir en ese mismo momento.

Pero no tuve demasiado tiempo para pensarlo. Acerqué el pie izquierdo a la puerta y cuando estaba por poner el derecho, el instructor me empujó y nos tiramos juntos. Los primeros cinco segundos no entendí nada. Oscilé entre el pánico y la confusión, hasta que entendí la magia de estar volando. A los 10 segundos de esa caída libre maravillosa, en la que me sentí un pájaro, llegó un tirón: se había abierto el paracaídas. Seguimos bajando entonces en un vuelo más controlado, hasta que, acercándonos al piso, el instructor empezó a indicarme cómo poner el cuerpo y los pies para aterrizar de modo correcto.

Me encantó, pero no volvería a hacerlo Creo que es una experiencia de una única vez. ¿Para qué arriesgarme? Es de esas cosas que estaban en mi *checklist* para una vida plena, y ya está tachada.

La mejor versión de la cuarentena

Otro gran ejemplo de mi afrenta al miedo se dio en la época de la pandemia.

Cuando todo se desató, a mediados de marzo de 2020, estaba en Uruguay, en mi casa de Carmelo. Recuerdo prender la televisión y escuchar al presidente Alberto Fernández decir "en 48 horas vamos a cerrar las fronteras". Así que llamé a mi médico de cabecera, el doctor Jorge Lantos, y le pregunté qué me convenía hacer. Me recomendó que como tenía mi seguro médico en Argentina, lo mejor era volver. Así que me subí a la lancha acompañado por las amigas con las que estaba, pasamos el control fronterizo y nos vinimos a mi departamento de Buenos Aires.

Pudimos ingresar sin problemas, pero al día siguiente llegaron oficiales de Prefectura a tocarme el timbre. Preguntaron si podían subir y los recibí en el palier de mi departamento. Me pidieron identificarme y me dijeron que querían verificar que estuviera con las dos personas con las que había atravesado la frontera, porque, caso contrario, estaba en un problema porque "estaba diseminando el virus". Como sabía que eso podía pasar, nos habíamos quedado juntos. Así que me pidieron los documentos y se los mostré.

En ese momento, empezaron a sacarles fotos. Y ahí me enojé. Estaban en propiedad privada y había tenido la deferencia de atenderlos, pero que estuvieran haciendo fotos de los documentos sin pedir permiso ya implicaba entrar en mi intimidad. Expresé mi enojo y pidieron disculpas. Terminé firmando un documento en el que me comprometía a quedarme en casa. Y eso hice.

Cumplí con la cuarentena a la perfección, hasta que llegó julio. Ya estaba saturado de la idea de "quedate en casa". Así que empecé a investigar y descubrí que había vuelos que estaban saliendo del país. Y si bien en general armo solo mis viajes, en ese momento llamé a un agente de viajes que conocía para que me asesorara. Me confirmó que había vuelos que salían una vez por semana, a Europa y a Estados Unidos, entre otros destinos.

Entonces empecé a estudiar qué países estaban abiertos y cuáles cerrados. Descubrí que la Unión Europea estaba cerrada excepto para casos especiales, que destinos como Turquía estaban abiertos. Y que no era que estuviera prohibido salir del país, sino que había una sugerencia de no hacerlo. También era complejo el tema de la cuarentena, porque si tenías que hacer escala y bajar del avión, ya no podías volver a subir a otro vuelo porque no estabas respetándola. Necesitaba un aeropuerto que permitiera hacer inmediatamente la conexión, y encontré esto con un vuelo de KLM que hacía Buenos Aires - Ámsterdam - Estambul.

Invité a una amiga y compré dos pasajes. Y sin pensarlo demasiado, nos fuimos. No tuvimos problema en salir de Ezeiza y tampoco en llegar a Turquía. Y entonces nos encontramos con el mejor panorama posible: los hoteles de lujo estaban a un tercio del precio, porque nadie viajaba. Todo estaba abierto... y regalado. Las cosas funcionaban con protocolos, pero funcionaban (por ejemplo, si pedías *room service* cada plato y cubierto venía envuelto en plástico y sanitizado, y todos atendían con barbijo). Nos instalamos por dos semanas en el St. Regis, un hotel de cinco estrellas que pagamos a precio de dos. Después pasamos a un hotel sobre el Bósforo, el Çiragan Palace Kempinski, con una pileta olímpica que miraba al estrecho. Durante todo ese tiempo, disfrutamos el día y sobre todo la noche de Estambul, uno de los países con mayor movida nocturna del mundo.

A la semana, llegó una pareja amiga que en el momento en que planificamos el viaje no se había animado a sumarse, pero cuando vieron lo bien que lo estábamos pasando, tomaron coraje y sacaron pasaje. Con ellos empezamos a recorrer el interior de Turquía. Nos fuimos a Capadocia, esa región conocida por sus formaciones rocosas con forma de conos, donde se organizan viajes en globo aerostático. Y, por supuesto, sacamos esa excursión.

Pero cuando mostramos el *voucher* que teníamos para ese paseo, se nos rieron en la cara. Nos dijeron que por la pandemia habían suspendido los globos, y que nos habían vendido algo que no existía. Por suerte, mi agente de viajes se hizo cargo del error. Y aunque no anduvimos en globo, sí alquilamos cuatriciclos para recorrer la ciudad, exploramos las cuevas que los trogloditas esculpieron en las paredes de los valles y nos hospedamos en un hotel de la cadena Relais & Chateaux.

De ahí volamos a Ismir y luego alquilamos un auto y manejamos hasta Bodrum, que podría definirse como el Punta del Este de Turquía, la ciudad balnearia más exclusiva y linda. Pasamos unos días en ese destino, hasta que decidimos cruzar a Mykonos, Grecia. Pero la Unión Europea estaba cerrada para aquellos que no fueran ciudadanos, y mi pasaporte rumano había vencido antes de la pandemia.

Sin embargo, había dejado pago un hotel espectacular de 7 estrellas, por lo que quería llegar sí o sí. A partir de unos contactos, se me ocurrió que podría lograrlo vía Roma. Y aunque nos frenaron al ingreso, incluso con la carta de presentación que teníamos, cuando supieron que la intención era simplemente hacer escala, nos dejaron seguir viaje. Así llegamos a Mykonos dispuestos a pasar dos semanas espectaculares. Y una vez dentro de Europa, moverse se volvió muy fácil.

¿Los siguientes destinos? Niza, y de ahí a Cannes, adonde llegamos con un avión directo de EasyJet, alquilamos un Airbnb y nos quedamos un mes. En el medio fuimos a Saint Tropez, otro de mis lugares en el mundo, y a Saint-Jean-Cap-Ferrat. En todo este proceso se nos sumó una pareja amiga más, así que nuestra burbuja de salidas, comidas y diversión se amplió a seis.

Para cuando llegó septiembre, sentí que era momento de volver a Buenos Aires. Había esquivado los peores meses de la pandemia, y regresé en el mismo vuelo de KLM que me había llevado. Y aunque en Ezeiza me trataron como un alien radioactivo y me hicieron el test y pidieron cuarentena, a las dos semanas se abrió todo en Argentina.

Nunca tuve miedo de contagiarme. De hecho, no me pasó hasta un año y medio después, ya vacunado. Pero desde el inicio estuve convencido de que si me lo agarraba, mi salud iba a hacer que el virus entrara y saliera de mi cuerpo sin demasiado drama. Que solo fuera una gripe fuerte. No me planteé escenarios trágicos ni la posibilidad de contagiarme estando de viaje. Aposté por lo mejor.

Tampoco tuve culpa de irme, aunque en Buenos Aires quedaron Leticia y las chicas. Fue una época difícil para ellas, porque la falta de contacto social se hizo dura para los adolescentes, Guadalupe incluso se perdió su viaje de egresados. Pero, al mismo tiempo, aprendieron a cocinar y a valerse por sí mismas de una forma que antes no sabían. A la distancia, creo que aprendieron mucho del proceso y se hicieron más fuertes y resilientes.

El fracaso también es un aliado

Otra forma del miedo es la vergüenza. Es el temor al "qué dirán", a la mirada ajena. Este mundo no está hecho para las personas con vergüenza, porque es de los que se animan. Creo que, sin perder las formas ni la educación, hay que animarse a todo. Pedir las cosas, hablar con la gente, no temerle a las respuestas que te puedan dar o a las preguntas que uno quiere hacer. El no ya lo tenemos, así que no se pierde nada intentando ir por el sí.

Lo peor del miedo es que frena los sueños. Te opaca y hace que no avances. Noto que en la cabeza de las personas suele haber un discurso interno que no condice con lo que la persona es hacia fuera. Por eso, viven pensando qué hubiera sido de sus vidas si hubieran hecho esto, aceptado tal oportunidad o salido con cierta persona. ¿Y por qué no lo hicieron? Por sus autolimitaciones. Por no haber sido capaces de trabajar en ese *click* interno que es necesario para animarse a saltar a la posibilidad de otra vida.

El gran miedo del común de la gente es el fracaso. Pero es un miedo que nace del complejo de inferioridad. De no conocer el propio potencial porque nunca se dieron el tiempo de descubrirse, de escucharse. Somos mucho más capaces de lo que imaginamos, incluso en áreas en las que no tenemos ni idea. Personalmente, un día decidí que quería escribir un libro, y aunque no tenía ni idea de cómo empezar, acá estoy. ¿Por qué hubiera tenido que quedarme con las ganas o la duda?

En este camino, también es importante estar listos para que los resultados no sean inmediatos. Hay que trabajar en una personalidad que nos acompañe ese empuje. Que pueda conectar lo que necesitamos con la comunicación adecuada. El que busca, encuentra, pero si no buscás, nunca vas a encontrar. Es primero pensamiento, luego razonamiento y finalmente acción. Pero cada uno de los pasos importa.

Para aquellos con miedo en esta vida, mi mayor recomendación es hacer una vez por semana algo que les provoque temor. Pueden empezar con algo chiquito, como por ejemplo hablarle a un desconocido. Darnos cuenta de que somos capaces de sobrepasar nuestras propias barreras nos abre no solo la cabeza, sino también muchas puertas. Si somos capaces de eso, también podemos serlo de muchas cosas más. Un portal interno abre otro portal interno, porque se trata de fortalecer la autoestima, un pequeño detalle que lo cambia todo.

Por otro lado, no existen las malas jugadas. Todo error sirve para el aprendizaje, y en ese sentido no es algo que perdimos, sino un recurso que ganamos. Cuando en 2014 me instalé en Miami apostando al proyecto de una agencia de marketing digital, el resultado no fue muy bueno. O al menos no el que hubiera querido.

Había conocido a mi socio en un evento social organizado en una de esas grandes mansiones de Miami Beach. Era un polaco muy simpático y agradable, director creativo con larga experiencia. Me mostró sus logros y todo su portfolio, llevaba varios años trabajando de forma independiente. Y al poco tiempo de conocernos decidimos emprender juntos con una agencia de marketing digital: él iba a proveer los servicios y yo la estructura, desde las oficinas a la administración, la difusión, los clientes y el crecimiento.

A partir de mis contactos con restaurantes y empresarios, aportaba bastantes clientes. Y aunque al inicio todo marchaba bien, al tercer o cuarto mes de trabajo las cosas indefectiblemente empezaron a complicarse. Mi socio no podía avanzar con los servicios, los clientes se ponían disconformes y terminaban abandonando el emprendimiento. Vivíamos en una rotación constante: entraban por una puerta y a los tres meses se iban por otra. Y aunque era una empresa con muy buenas perspectivas, no lográbamos hacerla funcionar. Para mí era muy frustrante poner todo de mí y ver cómo a los pocos meses las cosas se escurrían entre las manos.

Duramos dos años en esta dinámica, hasta que no dio para más. Nos peleábamos constantemente, mi socio vivía echando las culpas hacia otro lado, siempre había excusas que justificaban por qué los clientes no estaban conformes y se iban. Al cabo de un tiempo, le dije que quería disolver la empresa. Por supuesto, se lo tomó pésimo, y terminamos la sociedad de forma bastante traumática.

Tardé bastantes años en volver a tener un socio. A veces es un poco como tener una pareja, necesitás hacer el duelo. Y solo cuando pasa el tiempo sentís que sanaste y que podés volver a confiar (pero ahora con toda la experiencia del pasado). Fue costoso en tiempo, dinero y emociones, pero creo que ese tropiezo fue un gran aprendizaje.

Soy consciente de que cuento con varios privilegios que desde muy chico me permitieron tener esta clase de postura sobre el miedo. Que primero tuve la oportunidad mental y luego la económica para desplegar mis alas. Y que tuve unos padres capaces de inculcarme esta misma mentalidad desde muy temprano en la vida. Personalmente, creo que mi lucha eterna contra el miedo es porque no quiero que nada atente contra mi libertad. Por eso mismo tampoco tuve culpa cuando decidí que mi matrimonio había terminado.

A nadie le gusta fracasar. Pero a menos que sea un fracaso aniquilante, tampoco es tan grave. Porque el que más veces fracasa es el que más posibilidad de éxito tiene después, ya que cuenta con errores de los cuales aprender. No le tengo miedo al fracaso si después puedo volver a intentarlo. Lo importante es volver a nacer. Y si uno tiene las herramientas y un entorno positivo, se vuelve a florecer siempre.

De hecho, creo que el peor fracaso es el de no intentarlo. No hay peor gestión que la que no se realiza. Si realmente tenés ganas de hacer algo en la vida, andá para adelante, aunque te equivoques. Ese error puede ser el mejor punto de partida para un nuevo comienzo.

Cada día un poco más auténtico

No quiero quedarme con ganas de nada. Bajo esa filosofía, y como puede reflejarse bien en estas páginas, siento que llevo varias vidas vividas. Cumplo el 99% de las cosas que quiero hacer. Me queda un 1%, sí, que probablemente dejo de lado por miedo. Pero mientras ese margen sea pequeño, voy a seguir siendo 100% auténtico a mis deseos.

Si miro hacia atrás, tengo muy pocas situaciones de las que me arrepiento. A veces pienso que mi carácter de los 30 años era demasiado frontal y explosivo. Que parte de mi separación con mi hermano tuvo que ver con eso. Pero con los años me fui moldeando y aprendiendo, y hoy soy otra persona. Aun así, no volvería atrás a cambiar las cosas, porque siento que siempre fui extremadamente fiel a mis convicciones y ganas.

Hoy no le temo ni a la vejez. Entiendo que envejecer es un privilegio al que no todos llegan. Pero sí le temo al envejecimiento malo, al decaimiento, y trabajo para evitarlo, cuidando cuerpo y mente. Me encanta la edad que tengo y no quisiera volver a los 20. Me gusta mi cara, mis arrugas, lo que dice el tiempo en mí. Jamás me puse botox o me hice un retoque ni me lo haría (y hasta ahora ninguna mujer me rechazó por esto). Considero que son rasgos que me hacen más auténtico, y que saber aceptarse también habla de belleza.

¿El mejor consejo que podría dar para ser cada día más fiel a los propios deseos y tal vez asomarse a una vida de *bon vivant* como la que conté en estas páginas?

Dejar de compararse, dejar de querer ser como los otros. Esa es la forma más directa de perderse. Porque, como dice una frase muy conocida, "sé vos mismo, todos los demás ya están ocupados".

Agradecimientos

A Leticia y a mis hijas, que son mi familia
íntima y me apoyan día a día.

A mis hermanos, con los cuales crecí
y cuento con ellos a diario.

A todos mis amigos, desde los del colegio hasta
los más recientes, porque ellos mejor que
nadie entienden que “nacimos para esto”.

A Daniel Tangona, por cuidar mi
cuerpo, mi mente y mi espíritu.

A Vicky Guazzone, por darle ese
toque mágico a la escritura.

Y a todos los que lean este libro.
Espero que sean bendecidos.

Esperamos que este libro
haya sido de su agrado.
Para información o comentarios,
contáctenos en la dirección
que aparece debajo.

Muchas gracias.

www.hojasdelsur.com

www.ingramcontent.com/pod-product-compliance
Lightning Source LLC
LaVergne TN
LVHW012053160826
845678LV00014B/2808

9786316631114